Staats- und socialwissenschaftliche Forschungen

herausgegeben

von

Gustav Schmoller und **Max Sering.**

Zweiundzwanzigster Band. Erstes Heft.

(Der ganzen Reihe 101. Heft.)

B. Franke, Der Ausbau des heutigen Schutzzollsystems in Frankreich und seine Wirkungen im Lichte der Handelsstatistik.

Leipzig,
Verlag von Duncker & Humblot.
1903.

Der Ausbau

des

heutigen Schutzzollsystems in Frankreich

und

seine Wirkungen im Lichte der Handelsstatistik.

Von

Dr. Bernhard Franke.

Leipzig,
Verlag von Duncker & Humblot.
1903.

Meinen lieben Eltern.

Vorwort.

Die letzten Jahre haben die Erörterung handelspolitischer Fragen wiederum in den Vordergrund gerückt. Der alte Kampf zwischen Freihandel und Schutzzoll ist aufs neue heftig entbrannt, und im Interesse beider handelspolitischen Richtungen sind die wirtschaftlichen Zustände Deutschlands und auch diejenigen des Auslandes untersucht worden. Bei all' der Menge handelspolitischer Schriften fehlt es jedoch an einer zusammenhängenden Darstellung der französischen Handelspolitik seit der Tarifreform vom Jahre 1881. Daher erscheint der Versuch des Verfassers, die gegenwärtige handelspolitische Gesetzgebung Frankreichs zum Gegenstand einer besonderen Untersuchung zu machen, mit Rücksicht auf den vollständigen Mangel an einer solchen Arbeit, als gerechtfertigt.

Die vorliegende Arbeit will versuchen, die französische Tarifreform vom Jahre 1892 und ihre Wirkungen, soweit sie in der Handelsstatistik in die Erscheinung treten, zu untersuchen. Die Natur der dem Verfasser hierdurch gestellten Aufgabe bringt es mit sich, dafs bald der Kreis der mit der Tarifreform vom Jahre 1892 zusammenhängenden und daher auch hier zu untersuchenden politischen Mafsnahmen weiter gezogen werden konnte und mufste, bald aber auch, und zwar an manchen Stellen, ein eingehendes und hinreichendes Eindringen als unmöglich erschien. Der Verfasser erhebt nicht den Anspruch, die Wirkungen des modernen Schutzzollsystems auf die französische Volkswirtschaft erschöpfend darzulegen; sondern er will nur einen Beitrag zur Beurteilung der neuesten französischen Zollgesetzgebung liefern, wie er ihm durch ein zweijähriges Studium der Frage und einen längeren Aufenthalt in Paris möglich wurde. —

Der Verfasser ist sine ira et studio an die Arbeit gegangen. Wenn das Resultat für ihn dahin ging, die französische Schutzzollpolitik von 1892 als eine Frankreichs stagnierender Volkswirtschaft und Bevölkerung im ganzen entsprechende zu finden, und wenn er manche ihr gemachte Vorwürfe glaubte zurückweisen zu sollen, so verkennt er ihre Schattenseiten, wie sich zeigen wird, doch nicht, und noch weniger will er daraus ein Vorbild für ganz anders geartete Staaten und Volkswirtschaften ableiten.

Es ist mir eine angenehme Pflicht, allen denen, die mich durch wertvolle Ratschläge bei der Bearbeitung unterstützt haben, meinen aufrichtigen Dank auszusprechen. Ganz besonders danke ich dem Herrn Geheimen Regierungsrat und Vortragenden Rat im Reichsamt des Innern, Prof. Dr. van der Borght, für die Anregung zu dieser Arbeit, sowie meinen hochverehrten Lehrern, den Herren Professoren Schmoller und Sering, für die wohlwollende Förderung, deren ich mich auch von ihrer Seite zu erfreuen hatte. Zum Schluſs sage ich auch Herrn Professor Blondel in Paris für das mir bei meinem Aufenthalt in Paris bewiesene liebenswürdige Entgegenkommen meinen aufrichtigen Dank.

Münster i. W., Februar 1903.

Bernhard Franke.

Inhaltsverzeichnis.

Literatur.

Amé: Etude sur les tarifs de douane et sur les traités de commerce.
Aubert: À quoi tient l'infériorité du commerce français?
Blondel: La France et le marché du monde.
A. von Brandt: Beiträge zur Geschichte der französischen Handelspolitik von Colbert bis zur Gegenwart. Leipzig 1896.
Demolins: Les Français d'aujourd'hui.
Devers: La politique commerciale de la France depuis 1860 (in den Schriften des Vereins für Sozialpolitik, Leipzig 1892).
A. de Foville: La France économique. Statistique raisonnée et comparative.
Goldstein: Bevölkerungsprobleme und Berufsgliederung in Frankreich.
Guyot (Yves) und Ed. Théry: La France et le protectionisme. Conférence contradictoire faite le 25 octobre 1901 à la Chambre de Commerce anglaise de Paris. (Supplément au No. 37 du „Travail National".)
Joh. K. Kempf: Die Handelspolitik Frankreichs seit 1860. (Dissertation.) Freiburg 1883.
Mourre: D'où vient la décadence économique de la France?
G. Pallain: Les douanes françaises.
Peez: Zur neuesten Handelspolitik.
William Pietsch: Die Wirkungen der veränderlichen Getreidezölle in Frankreich. (Dissertation 1902.)
Poinsard: Libre-échange et protection.
Ernst Rausch: Die französische Handelspolitik vom Frankfurter Frieden bis zur Tarifreform von 1881 (in Schmollers staats- und sozialwissenschaftlichen Forschungen. Bd. 18. 1900).
Raffalovich: Les crises commerciales et financières depuis 1889.
Silbermann: Die Seide, ihre Geschichte, Gewinnung und Verarbeitung.
Syndicat de l'union des marchands de soie de Lyon. Statistique de la production de la soie en France et à l'étranger.
Sonndorfer: Die Technik des Welthandels.
W. Sombart: Die Handelspolitik Italiens seit der Einigung

des Königreichs (in den Schriften des Vereins für Sozialpolitik, Bd. 49).
Théry: La France et le protectionisme (vgl. Guyot).
Théry: L'Europe économique et financière pendant le dernier quart de siècle. (Supplément spécial de l'Economiste européen, publié pour l'exposition universelle de 1900.)
Théry: Faits et chiffres.
Théry: La France économique et financière pendant le dernier quart de siècle.

Compte rendu des travaux de la Chambre de commerce de: Paris, Lyon, Marseille, Reims.

Kolonialpolitik:

Bouchié de Belle: Le nouveau régime douanier des colonies. (Journal des économistes. 1893.)
Arthur Girault: Le nouveau régime douanier des colonies et ses résultats. (Revue d'économie politique 1894.)
Leroy-Beaulieu: L'Algérie et la Tunésie.
Leroy-Beaulieu: La colonisation chez les peuples modernes.
Levasseur: La France et ses colonies.
Ch. Roux: Les colonies françaises.

Handelsmarine:

Bellecroix: Rapport entre la batellerie et les ports de commerce maritimes.
A. Colin: La navigation (maritime) commerciale au XIXe siècle.
J. Fleury: La marine marchande.
R. Lambelin: Notre marine marchande, sa décadence, sa législation, son avenir.
A. de Lavison: La protection par les primes.
Loir et G. de Cagueray: La marine et le progrès.
Ch. Roux: Notre marine marchande.
M. Sarraut: Le problème de la marine marchande.
P. A. Schayé: L'Etat et la marine marchande française.
Tjard Schwarz und Ernst v. Halle: Die Schiffsbauindustrie in Deutschland und im Auslande.

Zeitschriften:

Annales du commerce extérieur.
Bolletino di legislazione e statistica doganale e commerziale.
Bulletin de statistique et de législation comparée.
Bulletin de l'office du travail.
Bulletin de la Chambre de Commerce de Paris.
Bulletin des Halles.
Bulletin de la société d'encouragement pour l'industrie nationale.
Deutsches Handelsarchiv.
L'Economiste européen.
L'Economiste français.

L'Exportation française.
Feuille officielle suisse de commerce.
Journal des économistes.
Journal des tarifs et traités de commerce.
Le monde économique.
Journal officiel.
La Revue du commerce extérieur.
Revue d'économie politique.
Revue commerciale et coloniale.
La Réforme Economique.
Le Travail National.

Statistik:

Annuaire statistique de la France.
Résultats statistiques du recensement des industries et professions.
Statistique agricole de la France, publiée par le Ministère de l'agriculture. Résultats généraux de l'enquête de 1892.
Statistiques coloniales.
Tableau général du commerce de la France avec ses colonies et les puissances étrangères.

Annales de la Chambre des Députés.
a) Documents parlamentaires.
b) Débats parlamentaires.
Annales du Sénat.
a) Documents parlamentaires.
b) Débats parlamentaires.

Erstes Kapitel.

Die Handelspolitik Frankreichs von 1860—1881.

In der Geschichte der Wirtschaftspolitik der meisten europäischen Staaten zeigt sich in der neueren Zeit eine auffallende Erscheinung, nämlich ein vollständiger Wechsel der in der äufseren Handelspolitik zur Geltung gelangenden Systeme; fast überall in Europa haben die in den sechziger Jahren des 19. Jahrhunderts auf mehr oder weniger liberaler Grundlage abgeschlossenen Handelsverträge eine gründliche Umgestaltung erfahren. Schutzzöllnerische Tendenzen haben die Oberhand gewonnen und haben in den siebziger Jahren die Zollpolitik der meisten europäischen Staaten in ihrem Sinne gestaltet.

So auch in Frankreich. Napoleon hatte im Jahre 1860 energisch mit der bis dahin in Frankreich üblich gewesenen ultraprotektionistischen Handelspolitik gebrochen und seinem Lande ein Zollsystem gegeben, das im Vergleich zu den früheren eine ausgesprochen liberale Tendenz aufwies, ohne dafs man es indessen hätte freihändlerisch nennen können. Dieses System fand seinen Ausdruck in dem am 21. Januar 1860 zwischen Frankreich und England abgeschlossenen Handelsvertrage, durch welchen Frankreich die Verpflichtung übernahm, als Vertragszölle im höchsten Falle Zölle bis zu 30 Prozent des Wertes und von 1864 ab solche bis zu 24 Prozent des Wertes aufzustellen. Diese Maximalgrenze wurde nur bei den Metallfabrikaten erreicht [1], während die Garnzölle auf ungefähr 8—10 Prozent, die Zölle für Leinewand, Woll- und Baumwollstoffe auf ungefähr 15 Prozent des Wertes festgesetzt wurden [2].

Auf Grundlage seines Vertrags mit England schlofs Frank-

[1] Dafs die Zölle für Metallfabrikate nicht niedriger festgesetzt wurden, ist nach einer von Jules Méline im Jahre 1891 in der Kammer ausgesprochenen Behauptung nur dem energischen Einschreiten des Grofsindustriellen Schneider zu danken, der persönlich vom Kaiser den Schutzzoll für die Metallfabrikate erhielt.

[2] A. v. Brandt, Beiträge zur Geschichte der französischen Handelspolitik von Colbert bis zur Gegenwart, Leipzig 1896, S. 127.

reich im Laufe der nächsten sechs Jahre zuerst 1862 einen Handelsvertrag mit Preufsen, der 1865 als Vertrag des Zollvereins mit Frankreich in Kraft trat. Ferner ging Frankreich Verträge ein mit Belgien, Italien, der Schweiz, Schweden, Norwegen, den Hansestädten, Holland, Spanien und Österreich. Durch dieses Vorgehen Frankreichs wurde die europäische Handelspolitik bedeutend beeinflufst, es wurde ein Anstofs zu einer im ganzen freihändlerischen Politik gegeben. Die freihändlerische Tendenz kam noch mehr zur Geltung durch die in allen Verträgen enthaltene sogenannte „Meistbegünstigungsklausel". Diese Klausel tritt in den Handelsverträgen in zwei Formen auf, einmal positiv verpflichtet sie die vertragschliefsenden Staaten, „jede Begünstigung, jedes Vorrecht und jede Zollermäfsigung, welche einer dritten Macht bereits zugestanden ist oder in der Folge zugestanden werden sollte, auch gegenüber dem anderen Teile in Kraft zu setzen"; nach der negativen Formulierung fordert die Meistbegünstigungsklausel, dafs „von keinem der vertragschliefsenden Teile dritte Staaten günstiger als der andere vertragschliefsende Teil behandelt werden dürfen"[1].

Im Anschlufs an die Verträge der sechziger Jahre erfolgten in Frankreich in der Zollgesetzgebung wichtige Reformen. Die Rohstoffe wurden von den Zöllen befreit, die Ausfuhrprämien für Gewebe und Garne aus Wolle und Baumwolle wurden aufgehoben, ebenso die Rückzölle für Schwefel, Häute, Messing und Kupfer. Bei den Lebensmittelzöllen wurde die gleitende Skala beseitigt und durch einen, wenn auch nur geringen Getreidezoll, der für Weizenkorn 60 Cent. und für Weizenmehl 1,20 Frcs. betrug, ersetzt[2].

In den ersten Jahren nach dem Inkrafttreten der neuen Handelsverträge wurden über ungünstige Wirkungen derselben wenig Klagen laut. Aber die Stimmung schlug um, als sich im Jahre 1866 die Folgen der Krisis in England und der Kriege in Deutschland und Amerika auch in Frankreich fühlbar machten. Im Jahre 1868 zeigte sich anläfslich einer Interpellation der Regierung, die von 30 Deputierten in der Kammer beantragt worden war, dafs die Unzufriedenheit über die abgeschlossenen Handelsverträge doch schon in weite Kreise gedrungen war. Wenn auch die Regierung bei der Interpellation siegte, so wurden doch diese Angriffe von Zeit zu Zeit wiederholt. Sie hatten zur Folge, dafs im März des Jahres 1870 eine doppelte Enquete, eine über die wirtschaftliche Lage der Industrie und eine über die der Marine ver-

[1] A. Oncken, Artikel „Handelsverträge" im Handwörterbuch der Staatswissenschaften, 2. Aufl.

[2] v. Brandt, a. a. O. S. 129.

anstaltet wurde[1]. Der Krieg mit Deutschland unterbrach diese Arbeiten. Nach dem Kriege, als Thiers an der Spitze der Regierung stand und der Schutzzöllner Pouyer-Quertier die Stelle des Finanzministers bekleidete, wurden wieder neue schutzzöllnerische Bestrebungen wach, die auch den von Thiers am 12. Juni 1871 vorgelegten Finanzgesetzentwurf beeinflufst hatten, wenn auch in erster Linie fiskalische Interessen bei der Aufstellung dieses Entwurfs mafsgebend gewesen waren. Dieser Versuch Thiers' scheiterte. Im folgenden Jahre legte die Regierung der Kammer einen neuen Tarif vor, der am 26. Juli 1872 auch angenommen wurde. Dieser Tarif konnte aber nicht in Kraft treten, solange die bestehenden Handelsverträge noch Geltung hatten. Thiers wurde im Mai 1873 gestürzt, und mit ihm verloren die Schutzzöllner ihre stärkste Stütze. Da Italien seinen Handelsvertrag im Jahre 1875 gekündigt hatte, und die Verträge mit England und Belgien im Jahre 1877 abliefen, und die übrigen Verträge auf Jahresfrist kündbar waren, so mufste die Regierung eine Neuregelung der Handelsbeziehungen Frankreichs zum Auslande vorbereiten. Um sich über die Ansichten der Interessenten zu unterrichten, erliefs der Handelsminister De Meaux ein Rundschreiben an die Handelskammern und an die „beratenden Kammern", wodurch er diese aufforderte, sich gutachtlich zu äufsern über die Wirkungen der Reform vom Jahre 1860, ferner ob das Zollwesen weiter durch Verträge oder durch einen autonomen Tarif zu regeln sei, ob die Wertzölle durch Gewichtszölle zu ersetzen seien, und ob nicht einzelne Zollsätze abgeändert werden sollten. Von den Kammern erklärten sich 61 für den Abschlufs von Verträgen und 14 für die Aufstellung eines allgemeinen autonomen Tarifs; die meisten waren gegen das Fortbestehen der Meistbegünstigungsklausel. Die Mehrzahl der Kammern wünschte ferner statt der ad valorem-Zölle spezifische Zölle. Einig waren die meisten Kammern in dem Verlangen einer Revision des Generaltarifs vor dem Abschlufs neuer Verträge. Mit der Ausarbeitung eines Generaltarifs auf der Grundlage des bisherigen Vertragstarifs wurde im Februar 1876 der conseil supérieur de l'agriculture, du commerce et de l'industrie betraut. Unter dem Vorsitz des Handelsministers Teisserence de Bort arbeitete dieser „Oberhandelsrat" einen Tarif aus, der verhältnismäfsig niedrige und zum gröfsten Teil spezifische Zölle enthielt. Dieser Entwurf kam wegen der Auflösung der Kammer im Jahre 1877 nicht mehr zur Beratung. Teisserence de Bort legte am 21. Januar 1878 der Kammer einen zweiten Entwurf vor, der von dem ersten in wesentlichen Punkten abwich, dessen erhöhte Sätze von der

[1] Amé, Etude sur les tarifs de douanes et sur les traités de commerce, II, p. 258.

Kammer jedoch nicht als hinreichend angesehen wurden. Nachdem der Entwurf einer Kommission überwiesen, wurde eine umfangreiche und gute Enquete veranstaltet. Das Resultat der eingehenden Debatten in der Kammer und im Senat war ein Tarif, dessen meiste Sätze um rund 24 Prozent gegen früher erhöht waren. Dieser Tarif vom Jahre 1881 hat gezeigt, daſs trotz aller aufgewandten Mühen die französischen Landwirte ihre Wünsche nicht haben durchsetzen können; waren doch wichtige landwirtschaftliche Artikel, wie Wolle, Lein, Hanf, rohes Holz, ölhaltige Samen, ferner, im Interesse der beteiligten Industrien, auch Rohseide für zollfrei erklärt worden. Ebenso hatte die Kammer die Kommissionsbeschlüsse, die Zölle auf rohe Felle, Talg, Fett, Getreide und Salzfische forderten, abgelehnt; überhaupt hatte sich die Kammer nur in den Punkten als den Kommissionsanträgen günstig erwiesen, in denen sie sich im Einverständnis mit der Regierung befand[1]. Die Kammer bewilligte schlieſslich den Landwirten für Kühe einen Zoll von 4 Frcs und einen solchen von 1,50 Frcs. für Widder und Ochsen. Im Senat fanden die schutzzöllnerischen Wünsche ein geneigteres Ohr. Der Zoll für Weizen (60 Cent.) wurde beibehalten, aber Roggen, Mais und Hafer wurden im Senat ebenfalls mit einer Abgabe von 60 Cent. belegt. Ferner erhöhte der Senat den Zoll für Rindvieh von 6 auf 30 Frcs.; die Rohstoffe lieſs er zollfrei. Im ganzen hatte der Senat an dem Tarif, so wie er aus der Deputiertenkammer hervorgegangen war, 76 Veränderungen vorgenommen. Von diesen nahm die Kammer, an welche der Tarifentwurf zurückging, 49 an. Den Bemühungen der Regierung gelang es, ein Kompromiſs zu stande zu bringen und damit endlich den Tarif fertigzustellen[2].

Jetzt konnte die französische Regierung daran denken, auf der Grundlage des neuen Tarifs die handelspolitischen Beziehungen Frankreichs zu regeln. Wir werden kurz auf den Verlauf der sofort mit den einzelnen fremden Staaten eingeleiteten Verhandlungen eingehen und hierbei der Darstellung folgen, die Rausch in seiner oben genannten Arbeit darüber gegeben hat.

Mit England führten die Unterhandlungen zu keinem Ziel, wenigstens nicht zum Abschluſs eines Handelsvertrags. Sie scheiterten an dem Weinzoll, an dem England ein groſses fiskalisches Interesse hatte, und den es nicht ermäſsigen wollte. Schlieſslich wurden die Handelsbeziehungen zwischen den beiden Ländern so geregelt, daſs Frankreich England durch Gesetz vom 27. Februar 1888 die Meistbegünstigung gewährte.

---

[1] E. Rausch, Die französische Handelspolitik, vom Frankfurter Frieden bis zur Tarifreform von 1881 (in Schmollers „Staatswissensch. Forschungen“, 1900, Bd. 18), S. 161.

[2] Rausch, op. cit. S. 153.

Nach einem in Paris unterzeichneten Übereinkommen sollte die gegenseitige Meistbegünstigung ohne Tarifbestimmungen bis zum 1. Februar 1892 in Kraft bleiben [1].

Mit Belgien kam schon am 31. Oktober 1881 ein Vertrag zu stande, durch den Frankreich eine Reihe von Tarifermäſsigungen Belgien gegenüber zugestand.

Nach einigen Schwierigkeiten, die besonders der Viehzoll von 15 Frcs. in den Verhandlungen mit Italien verursachte, schloſs Frankreich auch mit dieser Macht einen Handelsvertrag, der bis zum 1. Februar 1902 dauern sollte.

Mit Portugal schloſs Frankreich am 19. Dezember 1881 einen Handels- und Schiffahrtsvertrag. Damit trat Portugal in das europäische Meistbegünstigungssystem ein [2].

Die mit Spanien eingeleiteten Verhandlungen führten ebenfalls zu einem Handelsvertrage; jedoch muſste Frankreich auf Drängen Spaniens seinen Weinzoll von 3 auf 2 Frcs. herabsetzen, ein Zugeständnis, welches in der Folgezeit den französischen Weinbauern zum groſsen Schaden gereichte.

Ferner schloſs Frankreich Handelsverträge mit Schweden-Norwegen und der Schweiz.

Die Verhandlungen mit Österreich-Ungarn blieben resultatlos. Die beiden Mächte schlossen am 7. November 1881 ein provisorisches Übereinkommen ab, durch welches sie sich, abgesehen von der Behandlung des Zuckers, gegenseitig die Meistbegünstigung bis zum 8. Februar 1883 zusicherten. Diese Konvention wurde schlieſslich bis zum 25. Mai 1884 verlängert [3].

Mit Holland wurde keine Einigung erzielt. Zwei Vertragsentwürfe wurden nacheinander von den holländischen Generalstaaten abgelehnt. Infolgedessen wurden die Niederlande seitens Frankreich nach dem Generaltarif behandelt [4].

Fassen wir die vorstehenden Angaben zusammen, so sehen wir, daſs der durch die verschiedenen Verträge entstandene französische Konventionaltarif auf zwölf Staaten Anwendung fand, nämlich auf Belgien, Portugal, Spanien, Italien, die Schweiz, Schweden-Norwegen, Groſsbritannien und Österreich-Ungarn, ferner, auf Grund des Artikels 11 des Frankfurter Friedens, auf Deutschland und, auf Grund früherer Verträge, auf Ruſsland, die Türkei und Rumänien. Infolge der Verträge gewährte der Konventionaltarif für etwa 1200 Artikel Zollermäſsigungen, wogegen 300 andere Artikel, darunter Rohzucker, Getreide und Vieh, dem Generaltarif unterstellt blieben.

Der Generaltarif fand Anwendung gegenüber den Niederlanden, Dänemark und Griechenland.

---

[1] Rausch, op. cit. S. 186.
[2] Rausch, op. cit. S. 193.
[3] Rausch, op. cit. S. 199.
[4] Rausch, op. cit. S. 200.

Zweites Kapitel.

Die Einführung von Schutzzöllen für landwirtschaftliche Produkte.

Die Freihändler hatten im Jahre 1881 über die französischen Schutzzöllner den Sieg davongetragen; aber nach dem oft mit grofser Heftigkeit geführten Kampfe war der Frieden im Lande nur von sehr kurzer Dauer. Die Schutzzöllner waren wohl besiegt, jedoch keineswegs entmutigt, und ihre Agitation setzte sofort ein und gewann, besonders in landwirtschaftlichen Kreisen, viele Anhänger. Der unermüdliche Führer der französischen Landwirte, Jules Méline, suchte durch Neugründungen von landwirtschaftlichen Vereinen und Genossenschaften die agrarischen Produzenten zu sammeln und zu gemeinsamer Wahrung ihrer Interessen anzuhalten. Ein Umstand war von vornherein den Bestrebungen der Agrarier günstig, nämlich der, dafs Getreide und Vieh vollständig aufserhalb der Verträge geblieben waren, und es so möglich erschien, durch besondere Gesetze für diese landwirtschaftlichen Produkte Schutzzölle zu erlangen. Der Umschwung der französischen Handelspolitik zum ausgeprägten Hochschutzzoll wurde eingeleitet durch die Erhöhung der Agrarzölle. Da die Zölle für die wichtigsten Lebensmittel in einem überwiegenden Agrarstaate wie Frankreich von der gröfsten Wichtigkeit sind, so soll versucht werden, schon an dieser Stelle die Agrarpolitik zu behandeln.

Die Getreidezollpolitik Frankreichs im 19. Jahrhundert schwankte nach den vorherrschenden wirtschaftlichen Ansichten. Bis zum Jahre 1816 wurde vom Getreide ein Zoll von 50 Cent. pro Hektoliter erhoben, wenn dasselbe auf fremden Schiffen in Frankreich eingeführt wurde. Sonst blieb die Einfuhr bis 1819 vollständig zollfrei. Im Jahre 1819 aber wurden veränderliche Getreidezölle (échelle mobile) eingeführt. Man ging hierbei von dem in der Theorie sehr einfachen und bestechenden Gedanken aus, den Getreidezoll je nach den wechselnden Getreidepreisen zu verändern; bei niederen Preisen sollten höhere Getreidezölle und bei steigenden Preisen niedrigere Zölle und von einer gewissen Grenze an überhaupt kein Zoll mehr erhoben werden. Zur Durchführung dieses Planes war das ganze Land in drei Klassen eingeteilt und die Klassen wiederum in Sektionen[1]. In den einzelnen Sektionen waren verschiedene Märkte, deren Kurse den Durchschnittspreis des Getreides bestimmten. Nach dem auf diese Weise ermittelten Durchschnittspreise wurde der Zoll geregelt. Als Norm wurde ein Eingangszoll von 25 Cent. pro Doppelzentner Mehl festgesetzt, wenn die Einfuhr auf französischen Schiffen erfolgte, anderenfalls mufsten 1,25 und 2,50 Frcs. bezahlt werden. Ging der Getreidepreis in den drei Klassen auf 23, 21 und 19 Frcs. herab, so kam zu den vorstehend genannten Zöllen ein Ergänzungszoll von 1 Frc. Für jeden Franc Preisermäfsigung stieg der Ergänzungszoll um denselben Betrag, bis bei den Preisen von 20, 18 und 16 Frcs. in den drei Klassen die Getreideeinfuhr überhaupt verboten war. Die Ergänzungszölle für Mehl betrugen das Dreifache der Zuschlagszölle für Getreide. Bei Mais und Roggen war die Einfuhr bei Preisen von 17, 15 und 13 Frcs. verboten.

Der Zweck der veränderlichen Getreidezölle, nämlich die Schwankungen in den Getreidepreisen möglichst zu verhüten und den Getreidepreis auf der mittleren Höhe von 19—20 Frcs. pro Hektoliter zu halten, wurde nicht erreicht. Nichtsdestoweniger wurde das System der gleitenden Skala bis 1861 beibehalten, wenn auch die einzelnen Bestimmungen mehrmals modifiziert und das Gesetz zweimal, 1847 und 1853, suspendiert worden waren.

Von 1861 an bestand nur ein sehr niedriger Getreidezoll von 60 Cent. Unter diesem liberalen Zollregime entwickelte sich die französische Getreideproduktion im Gegensatz zu der früheren Zeit wie folgt:

Jahr	Millionen Hektar der mit Getreide bebauten Fläche	Millionen Hektoliter der Getreideernten	Preis pro Hektoliter
1815	4,6	39,5	19,53
1820	4,7	44,3	19,13
1825	4,9	61,0	15,74
1830	5,0	52,8	22,39
1835	5,3	71,7	15,25
1840	5,5	80,9	21,84
1845	5,7	72,0	19,75
1850	6,0	88,0	14,32

[1] Vgl. William Pietsch, Die Wirkung der veränderlichen Getreidezölle in Frankreich (Dissertation), 1902.

Jahr	Millionen Hektar der mit Getreide bebauten Fläche	Millionen Hektoliter der Getreideernten	Preis pro Hektoliter
1855	6,4	72,9	29,32
1860	6,7	101,6	20,24
1865	6,9	95,8	16,41
1869	7,0	107,9	20,33
1871	6,4	69,3	25,65
1875	6,9	100,6	19,33
1876	6,9	95,4	20,59
1877	7,0	100,1	23,44
1878	6,8	95,2	21,25
1879	6,9	79,3	22,12
1880	6,8	99,4	22,19
1881	6,9	96,8	22,20

Von 1875—1881 einschliefslich hat in Frankreich wie in ganz Westeuropa eine langandauernde Agrarkrisis begonnen, die eine starke Entwertung des ländlichen Grundbesitzes herbeigeführt hat.

Der Überschufs der Weizeneinfuhr über die Weizenausfuhr betrug in den Jahren 1875—1881:

1875	1 843 109	hl
1876	3 774 217	„
1877	524 526	„
1878	17 819 513	„
1879	29 349 390	„
1880	26 792 720	„
1881	17 151 735	„

Infolge der durch die Agrarkrisis für die Landwirtschaft entstandenen schwierigen Lage erhoben die französischen Landwirte laute Klagen und verlangten vom Staate Rettungsmittel in Form von Agrarzöllen. Die schutzzöllnerische Bewegung in agrarischen Kreisen war um so allgemeiner, als auch in dem bisher freihändlerischen Süden Frankreichs die wirtschaftliche Lage der Weinbauern durch das Auftreten der Phyloxera, welche zahlreiche Weinberge gänzlich zerstörte, eine ungünstige wurde. Aus Freihändlern wurden Schutzzöllner, die mit dem den Südfranzosen eigenen Temperament besonders eifrig für Schutzzölle agitierten.

Während so auf seiten der Schutzzöllner die Vorbereitungen zu neuen Änderungen in der Zollpolitik getroffen wurden, blieben auch die Freihändler nicht müfsig. Unter der Leitung des bekannten französischen Nationalökonomen Léon Say konstituierte sich eine „Ligue antiprotectioniste et ligue contre le renchérissement du pain et de la viande“, deren

Mitglieder nach besten Kräften den Bestrebungen der Schutzzöllner entgegenarbeiteten.

Die Agitation für und wider die Agrarzölle hatte zunächst die praktische Folge, dafs von verschiedenen Seiten Anträge in der Kammer auf Änderung des Generaltarifs gestellt wurden.

Die auf Erhöhung der Getreidezölle abzielenden Anträge fanden bei der von der Deputiertenkammer gewählten Zollkommission eine günstige Aufnahme, und auch die Regierung war geneigt, die Agrarzölle zu erhöhen. Die Deputiertenkammer selbst wies eine schutzzöllnerische Mehrheit auf, es handelte sich nur darum, wie weit die Zollerhöhungen gehen sollten. Viele, und noch nicht die extremsten Agrarier, hielten einen Getreidezoll von 5 Frcs. für notwendig, auch der Landwirtschaftsminister Jules Méline hielt einen Zoll in dieser Höhe für wünschenswert, aber die Mehrzahl der Deputierten wollte nicht so weit gehen.

Ein Antrag des Deputierten Ganault, den Weizenzoll auf 5 Frcs. festzusetzen, wurde mit 296 gegen 164 Stimmen abgelehnt. Nach langen und heftigen parlamentarischen Kämpfen wurde ein Weizenzoll von 3 Frcs. mit 308 gegen 173 Stimmen angenommen. Für Mehl gelangte ein Zoll von 6 Frcs. zur Annahme. Auch die Zölle für die übrigen Cerealien wurden erhöht, der Haferzoll auf 1,50 Frcs., der Zoll des Roggens trotz des Widerspruchs der Regierung und der Zollkommission ebenfalls auf 1,50 Frcs. gesteigert. Für Gerste wurde ein Zoll von 1,50 Frcs. und für Malz ein solcher von 1,90 Frcs. angenommen. Ein Zoll auf Mais wurde jedoch abgelehnt; aber Schiffszwieback, Grütze, Gries und Graupen wurden mit einem Zoll von 5,50 Frcs. belegt.

Der Senat nahm die von der Deputiertenkammer vorgenommenen Zollerhöhungen ebenfalls an, am 28. März 1885.

So hatten die französischen Agrarier, wenn sie auch nicht alle ihre Forderungen hatten durchsetzen können, doch viel erreicht. Die Einführung der Zölle auf die landwirtschaftlichen Produkte bedeutete eine Umkehr auf dem Wege zum Freihandel, den die französische Handelspolitik 1860 eingeschlagen hatte, und auf dem sie auch im Jahre 1881 geblieben war; sie war das Zeichen, dafs auch Frankreich dem Beispiele der übrigen Nationen folgte und sich dem Schutzzollsystem zuwandte. Wie sich die Handelspolitik Frankreichs für die nächsten Jahre gestalten würde, war aus dem Ergebnis der im Herbst 1885 stattgefundenen Neuwahlen zur Deputiertenkammer wohl zu ersehen. Die Wahlen waren mehr denn je von der Wirtschaftspolitik beherrscht; die allgemeine Lage war nichts weniger als glänzend, von allen Seiten verlangte man nach der Hilfe des Staates und nach wirksamen Schutzzöllen.

Unter solchen Verhältnissen mufste die rührige Agitation der Schutzzöllner, besonders in agrarischen Kreisen, Erfolg haben, und so war es nicht erstaunlich, wenn die Neuwahlen den Konservativen, die bisher in der Kammer über 80 Sitze verfügten, einen Zuwachs von 100 neuen Mandaten brachten. Daher war vorauszusehen, dafs in Zukunft mehr als zuvor die schutzzöllnerischen Ideen die Wirtschaftspolitik beherrschen würden. Die Lage der protektionistisch Gesinnten war bedeutend günstiger als früher, und auch der Sturz des Kabinetts Ferry und die damit verbundene Demission Mélines als Landwirtschaftsminister brachten ihnen keinen bedeutenden Schaden; denn der Einflufs Mélines reichte immer noch sehr weit, und die Folgezeit bewies, dafs er auch weiterhin unermüdlich seine Kräfte den Interessen der französischen Landwirtschaft widmete.

Der durch das Gesetz vom 28. März 1885 festgesetzte Weizenzoll von 3 Frcs. war kaum in Kraft getreten, als auch schon neue Versuche gemacht wurden, die Zölle auf Cerealien zu erhöhen. Noch in demselben Jahre, am 16. November 1885, brachten die Abgeordneten Baucarne-Leroux, Milochaux und Barouille in der Kammer Anträge auf weitere Erhöhungen der Getreide- und Mehlzölle ein.

Seit dem Bekanntwerden der geplanten Zollerhöhungen und während der langen parlamentarischen Diskussion hatte der Spekulationshandel eine erhöhte Einfuhr von Getreide herbeigeführt, so dafs die Zollerhöhung für die erste Zeit unwirksam blieb.

Ein Vergleich der Getreidpreise auf dem Londoner und französischen Markt zeigt, dafs durch das Inkrafttreten des Gesetzes vom 28. März 1885 die Kurse nur unerheblich beeinflufst sind. Der Getreidepreis, der nach den Angaben der französischen Landwirte 19—20 Frcs. pro Hektoliter betragen mufs, um die Produktionskosten zu decken, ist immer niedriger geblieben, denn die Preise betrugen pro Hektoliter:

Monat		Durchschnittspreis auf dem französischen Markt Frcs.	Durchschnittspreis in London Frcs.	Differenz zu Gunsten des französischen Marktes Frcs.
Januar 1885	Vor dem Gesetz v. 29. März 1885	16,66	13,84	3,72
Februar „		16,52	14,62	1,90
März „		16,79	13,72	3,07
April „		16,81	14,08	2,73
Mai „		17,59	16,06	1,53
Juni „		16,98	14,95	2,03

Monat	Durchschnittspreis auf dem französischen Markt Frcs.	Durchschnittspreis in London Frcs.	Differenz zu Gunsten des französischen Marktes Frcs.
Juli 1885 . . .	17,16	14,40	2,66
August „ . . .	16,59	14,76	1,73
September „ . . .	16,51	14,01	2,50
Oktober „ . . .	16,77	13,21	3,56
November „ . . .	16,75	13,46	3,29
Dezember „ . . .	16,71	13,43	3,28
Januar 1886 . . .	16,22	13,10	3,12
Februar „ . . .	15,89	12,89	3,00
März „ . . .	15,81	12,56	3,25
April „ . . .	16,03	13,18	2,85

Aus dieser, dem Kommissionsbericht[1] des Marquis de Roys entnommenen Tabelle geht hervor, dafs, wenn auch infolge der Zollerhöhung die Preise für Getreide auf dem französischen Markte keine steigende Tendenz aufweisen, sie andererseits doch vor dem ungünstigen Einflufs der in England gegen Ende des Jahres 1885 eingetretenen Baisse bewahrt geblieben sind.

Hinsichtlich der Getreideeinfuhr sowie für die Einfuhr von Mehl war die Wirkung des Gesetzes vom 29. März 1885 eine unmittelbare. Der Kommissionsbericht[1] vergleicht die Einfuhr dieser Artikel in den einzelnen Monaten der Jahre 1883, 1884 und 1885 in der folgenden Tabelle (siehe nächste Seite).

Noch deutlicher tritt die durch die Zollerhöhung bewirkte Verminderung der Getreideeinfuhr hervor, wenn man nur die letzten Monate des Jahres 1885, also die Zeit nach dem Inkrafttreten der Zollerhöhung, mit den neun letzten Monaten der Jahre 1884 und 1883 vergleicht. Dann ergibt sich für die Weizeneinfuhr in dem genannten Zeitraum:

	1885	1884	1883
Weizeneinfuhr . . .	3 735 946	8 832 857	7 414 017
Davon aus Algier . .	808 814	367 235	265 020
Fremde Einfuhr . .	2 927 132	8 465 622	7 148 997

Diese bedeutende Abnahme der Einfuhr genügte den Agrariern nicht, da diese nicht mit einer gleichzeitigen Preissteigerung verbunden war. Erneut wurden von agrarischer Seite Anträge auf weitere Erhöhungen der Getreidezölle gestellt, Anträge, welche die Deputiertenkammer und die öffent-

[1] Annales de la Chambre des Députés — Documents parlamentaires, 1886, 19, p. 325.

Die Einfuhr von Weizen und Mehl betrug in den einzelnen Monaten der Jahre 1883, 1884 und 1885 in Zentnern:

	Weizen			Mehl		
	1885	1884	1883	1885	1884	1883
Januar (Vor dem Gesetz vom 28. März 1885)	1019 367	607 256	924 265	49 007	29 819	32 243
Februar (Vor dem Gesetz vom 28. März 1885)	1034 539	535 616	1077 620	32 710	31 983	32 909
März (Vor dem Gesetz vom 28. März 1885)	688 029	563 460	701 771	86 901	27 857	33 990
April	652 606	715 058	624 286	39 423	36 047	51 717
Mai	275 540	763 930	588 865	6 266	39 462	28 446
Juni	417 987	617 617	648 358	6 895	47 960	33 262
Juli	420 137	909 585	965 294	9 686	35 728	28 713
August	376 752	1175 177	1191 017	7 905	30 817	29 827
September	426 276	842 582	864 508	8 007	35 812	35 560
Oktober	349 356	1373 620	1003 701	15 306	43 792	35 204
November	279 885	953 077	765 769	11 342	67 033	61 706
Dezember	427 407	1482 261	752 219	24 932	77 181	27 313
Summa	6367 881	10 539 239	10 107 673	298 380	503 491	430 890
Davon aus Algier	958 453	414 601	283 083			
Demnach aus dem Auslande	5409 428	10 124 638	9834 136			

liche Meinung lebhaft beschäftigten, die aber in der Sommersession 1886 wegen des Widerstandes der Regierung zurückgezogen wurden.

Die Freihändler hatten schon an ein Begräbnis des Gesetzentwurfs geglaubt, aber im Februar 1887 wurde die im Sommer 1886 abgebrochene Diskussion über die Erhöhung der Getreidezölle fortgesetzt und dieses Mal mit Erfolg. In der Spezialdebatte wurden wieder viele Amendements eingereicht, die nur die Beratung aufhielten, und von denen keins von der Mehrheit der Deputierten unterstützt wurde. Für Weizen wurde schliefslich ein Zoll von 5 Frcs. angenommen, mit 328 gegen 238 Stimmen; der Mehlzoll wurde dementsprechend auf 8 Frcs. erhöht.

Der am 14. März in seiner Gesamtheit von der Kammer angenommene Gesetzentwurf enthielt noch eine auf Antrag des Deputierten Bernard-Lavergne eingefügte Bestimmung, welche der Regierung das Recht gab, in Abwesenheit der Kammern das Gesetz durch eine einfache Verordnung aufser Kraft zu setzen, falls der Getreidepreis eine die Volksernährung bedrohende Höhe erreicht habe.

Im Senat wurden die von der Deputiertenkammer vorgenommenen Zollerhöhungen ebenfalls angenommen, und das Gesetz wurde am 29. März 1887 publiziert.

Das Gesetz vom 29. März 1887 blieb bis zum Jahre 1891 in Kraft. Seine Wirkungen lassen sich in folgenden Preisen erkennen:

1887	Getreidepreis in Liverpool	19,50 Frcs.,	in Frankreich	23,41 Frcs.,	also + 3,91
1888	„ „ „	20,25 „	„ „	24,79 „	„ + 4,54
1889	„ „ „	19,95 „	„ „	24,00 „	„ + 4,05
1890	„ „ „	20,10 „	„ „	24,98 „	„ + 4,88

Nachdem wir im Vorstehenden einen Überblick über die gesetzlichen Mafsnahmen, welche für die in der französischen Landwirtschaft wichtigsten Produkte, die Cerealien, erhebliche Schutzzölle einführten, zu geben versucht haben, ist es noch notwendig, auf die zeitlich mit den oben dargestellten Bestrebungen zusammenfallenden Anstrengungen der Schutzzöllner hinzuweisen, die auch für den zweiten wichtigen landwirtschaftlichen Erwerbszweig, die Viehzucht, Schutzzölle verlangten.

Das Gesetz vom 16. März 1863, das bis zum Jahre 1881 in Kraft blieb, hatte das Vieh nur mit aufserordentlich niedrigen Zöllen belegt; für Ochsen wurde ein Zoll von 3,60 Frcs., für Kühe 1,20 Frcs. und für Schafe 30 Cent. erhoben. Seit 1878 hatte sich in agrarischen Kreisen eine immer stärker werdende Bewegung gegen die stets wachsende Vieheinfuhr bemerkbar gemacht. Die Klagen der Landwirte erhielten durch das Eintreten der Agrarkrisis Nachdruck, und da im

Jahre 1881 bei der Tarifregelung die Zölle auf landwirtschaftliche Produkte ganz aufserhalb der Tarife gestellt wurden, so hatten die gesetzgeberischen Körperschaften ein Gesetz angenommen, das die Zölle für Ochsen auf 15 Frcs., für Kühe auf 8 Frcs., für Schafe und Hammel auf 2 Frcs. erhöhte. Diese Erhöhung war aber zu schwach gewesen, um eine nachhaltige Besserung zu bewirken. Schon im Jahre 1884 wurden im Parlament neue Vorschläge gemacht, und den Bemühungen des damaligen Landwirtschaftsministers Méline gelang es, im Mai 1885 trotz der ablehnenden Haltung der Zollkommission eine weitere Erhöhung der Viehzölle durchzusetzen. Für Ochsen wurden 25 Frcs., für Kühe 12 und für Hammel 3 Frcs. angenommen. Die im Herbst des Jahres 1885 erfolgten Neuwahlen zur Deputiertenkammer hatten die alten Klagen der Viehzüchter in grofser Heftigkeit wieder laut werden lassen, und viele der in landwirtschaftlichen Kreisen gewählten Volksvertreter hatten in ihren Wahlreden weitgehende Versprechungen hinsichtlich der landwirtschaftlichen Schutzzölle gemacht. Als Folgen solcher Versprechen sind die Vorschläge anzusehen, die am 16. November 1885 von mehreren Schutzzöllnern der Kammer vorgelegt und dann von dieser der Zollkommission überwiesen wurden.

Die nachstehende Tabelle zeigt die Höhe der geforderten Zölle im Vergleich zu den bisherigen:

	Bisheriger Zoll Frcs.	Antrag Milochaux Frcs.	Antrag Barouille Frcs.
Hengste, Wallache oder Stuten	30,—	—	70,—
Füllen	18,—	—	35,—
Ochsen	25,—	45,—	60,—
Stiere, Kühe	12,—	35,—	40,—
Junge Ochsen, junge Stiere .	8,—	20,—	20,—
Kälber	4,—	10,—	—
Widder, Schafe und Hammel .	3,—	7,—	7,—
Lämmer	1,—	2,50	—
Böcke und Ziegen	1,—	2,50	—
Schweine	6,—	12,—	15,—
Spanferkel	1,—	2,—	3,—
Frisches Fleisch (100 kg) . .	7,—	15,—	20,—
Gesalzenes Fleisch (100 kg) .	3,—	15,—	15,—

Wie man hieraus ersieht, waren die verlangten Zollerhöhungen recht bedeutende. Die Zollkommission konnte sich jedoch nicht entschliefsen, der Kammer auch nur den am wenigsten fordernden Antrag Milochaux zur Annahme zu empfehlen. Der weitgehendste Antrag Barouille hatte nicht weniger als 86 Unterschriften von ultraprotektionistischen

Deputierten aufzuweisen. Die Kommission beschlofs, der Kammer folgende Zollerhöhungen vorzuschlagen: Für Ochsen statt 25 Frcs. 38 Frcs., für Hammel 5 statt 3 Frcs. Den Zoll für Kühe erhöhte die Kommission nicht, ebensowenig den Schweinezoll. Der Berichterstatter der Kommission, Milochaux, bemerkt in seinem Bericht [1], dafs die Fleischpreise durch die vorgeschlagenen Zölle nicht merklich beeinflufst werden dürften. Die Erhöhung fände Anwendung nur auf 60000 fremde Ochsen und auf 2 Millionen Hammel, die zusammen etwa 60 Millionen Kilogramm Fleisch lieferten, während der gesamte Fleischkonsum Frankreichs 1 Milliarde 200 Millionen Kilogramm betrüge. Aufserdem sei zu beachten, dafs die Zölle für Kühe und Schweine, deren Fleisch hauptsächlich den weniger gut gestellten Bevölkerungsschichten als Nahrung diene, nicht erhöht werden sollten.

Der Bericht der Kommission über die Erhöhung der Viehzölle lag schon am 1. Juli 1886 vor, aber die Kammer begann die Diskussion über die Kommissionsanträge erst am 23. März 1887. Sie war ungleich kürzer als die Debatten über die Erhöhung der Getreidezölle, die gerade beendet waren.

Entgegen den Kommissionsanträgen nahm die Kammer eine Erhöhung des Zolles für Kühe auf 20 Frcs. vor.

Für Kälber forderte Barouille in einem Amendement 8 Frcs. Diesem Antrage schlofs sich die Kommission an, und die Abstimmung in der Kammer ergab die Annahme des Amendements. Ferner beantragte Barouille, den Zoll für frisches Fleisch von 7 auf 12 Frcs. zu erhöhen. Er forderte damit eine Mafsregel, die, wie er selbst sagte, nur „platonischer Natur“ sein würde, da nach dem Vertragstarif bis zum Jahre 1892 für diesen Artikel ein Zoll von 3 Frcs. bestände. Nichtsdestoweniger wurde das Amendement Barouille angenommen. Der ganze Entwurf gelangte in der Kammer am 26. März 1887 mit 328 gegen 207 Stimmen zur Annahme.

Der Senat nahm nach kurzer Debatte den Gesetzentwurf ohne jede Änderung am 1. April 1887 an. Verkündet wurde das Gesetz am 5. April 1887.

---

[1] Annales de la Chambre des Députés — Documents parlamentaires, 1886, 19, p. 816.

Drittes Kapitel.

Der französisch-italienische Zollkrieg.

Kaum hatte Frankreich durch die weitgehenden Erhöhungen der Zölle auf landwirtschaftliche Produkte sein Schutzzollsystem für die nächsten Jahre errichtet, als es auch schon in Schwierigkeiten mit demjenigen Nachbarstaate verwickelt wurde, mit dem es wirtschaftlich durch enge Bande verknüpft war, mit Italien. Es waren in der Hauptsache in beiden Ländern dieselben Ursachen, die zum Konflikt führten und führen mufsten. Wie in Frankreich, so hatten auch in Italien schutzzöllnerische Tendenzen in der Handelspolitik den Sieg davongetragen; beide Länder hatten ihre liberale Wirtschaftspolitik aufgegeben und wollten ihre nationalen volkswirtschaftlichen Interessen durch eine ausgeprägte Schutzzollpolitik fördern. Bisher waren die kommerziellen Beziehungen zwischen Frankreich und Italien im ganzen gute gewesen, wenn auch nicht zu verkennen ist, dafs die Verzögerungen und die Schwierigkeiten, die dem Abschlufs des Handelsvertrags vom 3. November 1881 entgegengestanden hatten, schon auf eine baldige Trübung der wechselseitigen Beziehungen hindeuteten. Die in den achtziger Jahren in Frankreich erfolgten Erhöhungen der Agrarzölle, die auch für die italienische Volkswirtschaft von Bedeutung waren, hatten die Stimmung gegen Frankreich erbittert, und andererseits fühlten sich die französischen Seidenindustriellen durch das Aufkommen der italienischen Konkurrenz benachteiligt, kurz, die Entwicklung führte zu einem äufserst heftigen und folgenschweren Zollkrieg zwischen den beiden Ländern.

Um die Bedeutung dieses wirtschaftlichen Kampfes richtig zu verstehen, erscheint es notwendig, kurz auf die Entwicklung der Handelspolitik Italiens einzugehen. Wir folgen dabei der Darstellung, die Werner Sombart in seiner Arbeit „Die Handelspolitik Italiens seit der Einigung des Königreichs“ [1] gegeben hat.

[1] Schriften des Vereins für Socialpolitik, Bd. 49, Leipzig 1892.

Auch Italien hatte zu Beginn der sechziger Jahre des letzten Jahrhunderts eine im ganzen liberalere Handelspolitik begonnen. Das Tarifgesetz vom 27. Juni 1860 war von ausgesprochen freihändlerischem Charakter, und auf freihändlerischer Grundlage beruhte auch der Handelsvertrag, den Italien am 17. Januar 1863 auf zwölf Jahre mit dem Kaiserreich Frankreich abschlofs. Sombart sagt hierüber[1]: „Dieser Handelsvertrag, ein Markstein in der Geschichte der italienischen Handelspolitik, bildet gleichsam erst die Krönung des mittels der autonomen Tariffestsetzungen begonnenen Gebäudes; er hat der italienischen Handelspolitik bis zum Jahre 1878 den Stempel aufgedrückt. Seine Bedeutung liegt in dem umfassenden System tarifarischer Bindungen, welche er enthielt, und die sich auf nicht weniger als 414 von 591 Einfuhrzöllen, auf 6 von 9 Ausfuhrzöllen des Generaltarifs erstreckten. Die Konventionalsätze waren vielfach noch niedriger als die des Generaltarifs."

Italien kündigte diesen Vertrag mit Frankreich im Jahre 1875 und vollzog im Jahre 1878 seine Tarifreform, die in schutzzöllnerischer Hinsicht sehr weit ging. Der neue Zolltarif vom 30. Mai 1878, der am 1. Juli 1878 in Kraft trat, sollte hauptsächlich fiskalischen Zwecken dienen. Mit Frankreich stiefs Italien bei seinen Unterhandlungen auf erhebliche Schwierigkeiten; nach mehr als zweijährigen Verhandlungen wurde schliefslich in Paris am 6. Juli 1877 ein Handelsübereinkommen zwischen den beiden Mächten unterzeichnet. Die italienische Kammer genehmigte dasselbe im April 1878, aber von der französischen Kammer wurde die Konvention mit 225 gegen 220 Stimmen verworfen, so dafs vom 1. Juli 1878 an beide Länder sich nach ihren Generaltarifen behandelten. Dieser vertragslose Zustand währte sieben Monate; am 15. Januar 1879 hatten die wieder aufgenommenen Verhandlungen Erfolg, ein Übereinkommen wurde abgeschlossen, das nach mehrfacher Verlängerung bis zum 14. Mai 1882 in Kraft blieb. Mit diesem Tage trat der am 3. November 1881 abgeschlossene Handelsvertrag in Wirksamkeit, der aber weit weniger tarifarische Bedingungen enthielt als der Vertrag vom Jahre 1863.

Der nach so vielen Schwierigkeiten endlich zu stande gekommene Handelsvertrag zwischen den beiden Schwesternationen sollte bis zum 1. Februar 1892 die wirtschaftlichen Beziehungen beider Länder regeln. Italien aber wartete das Jahr 1892 nicht ab, sondern kündigte schon am 15. Dezember 1886 den Handelsvertrag. Nach der Kündigung traf Italien vorläufig keinerlei Anstalten zur Unterhandlung wegen eines neuen Vertrags mit Frankreich.

Wie aus dem von der französischen Regierung den Kammern

[1] Sombart, op. cit. S. 85.

zugestellten „Gelbbuche über die handelspolitischen Beziehungen Frankreichs mit Italien“ [1] hervorgeht, begann im August 1887, einige Wochen nach der Fertigstellung des neuen italienischen Generaltarifs, das Kabinett zu Rom die Verhandlungen aufzunehmen. Man wollte mit einer offiziösen Vorbesprechung beginnen.

Zu diesem Zwecke entsandte die italienische Regierung den hervorragenden Finanzpolitiker Luzzatti und Ellena nach Paris. Aber schon gleich in der Vorbesprechung stiefs man auf Schwierigkeiten, denn Italien wollte als Grundlage der Verhandlungen seinen neuen Generaltarif angesehen wissen, während Frankreich sich auf den Boden der Konvention vom Jahre 1881 stellte. Es liefs sich keine Einigung erzielen; vorläufig beschlofs man, den status quo beizubehalten und den bestehenden Vertrag zu verlängern. Die französischen Kammern autorisierten die Regierung, den Vertrag mit Italien um sechs Monate zu verlängern; Italien aber ging nicht darauf ein und gestand nur eine Verlängerung um zwei Monate, bis zum 1. März 1888, zu. Die französische Regierung hatte den Präsidenten der „Permanenzkommission zur Bestimmung der Zollwerte“, Teisserence de Bort, und den Abgeordneten Marie als ihre Delegierten nach Rom gesandt. Am 16. Januar 1888 übermittelten diese die Vorschläge Italiens nach Paris. Danach sollten von den 272 französischen Artikeln, die in dem italienischen Vertragstarif vom Jahre 1881 mit Zöllen belegt waren, 183 ganz aus dem Vertragstarif gestrichen und nach dem neuen Generaltarif verzollt werden, und die übrigen 89 Artikel, welche auch Italien fernerhin dem Vertragstarif unterstellen wollte, sollten zum Teil bedeutende Erhöhungen erfahren. Besonders die für die französische Ausfuhr wichtigen Seiden- und Wollwaren sollten mit erheblich höheren Zöllen belegt werden. Trotz dieser für Frankreich unannehmbaren Vorschläge Italiens blieben die französischen Delegierten in Rom und setzten die Verhandlungen fort. Aber am 3. Februar bereitete die italienische Regierung den Unterhandlungen ein jähes Ende. Crispi schrieb nämlich an den französischen Gesandten, „dafs er von der Regierung der Republik zu erfahren erwarte, ob und wann sie die Verhandlungen auf einer für beide Nationen gleichen Grundlage wieder aufnehmen werde“.

Auf diesen Wink hin reisten die französischen Unterhändler ab.

Das „Gelbbuch“ führt noch weiter an, dafs Frankreich am 20. Februar Italien durch eine Note, der ein Tarif beigefügt war, neue Vorschläge übermittelte. Die italienische Regierung prüfte diese am 6. Februar, aber bevor sie ihr Urteil über

[1] Journal des Economistes, 1888, avril p. 149.

dieselben abgab, fragte sie bei der französischen Regierung an, „ob die Vorschläge vom 20. Februar als definitive oder als der Ausgangspunkt neuer Unterhandlungen angesehen werden sollten“. Auf diese ungewöhnliche Anfrage hin erwiderte die französische Regierung, daſs Frankreich an seinen Vorschlägen nichts zu ändern hätte. Damit waren die Verhandlungen abgebrochen.

Der französischen Kammer wurde ein Regierungsentwurf vorgelegt, der für italienische Provenienzen höhere, dem italienischen Generaltarif entsprechende Zölle enthielt. Die Zollkommission aber nahm noch weitere Erhöhungen vor, und vom 1. März ab trat Italien gegenüber ein Tarif in Kraft, der die Hauptausfuhrartikel Italiens mit hohen Kampfzöllen belegte. Der Zollkrieg erstreckte sich auſserdem auch auf die maritimen Beziehungen beider Länder. Letztere waren geregelt durch einen Vertrag vom Jahre 1862, welcher am 2. Juli 1886 abgelaufen war. Dieser Vertrag wurde nicht erneuert. Infolgedessen wurden die französischen Schiffe von den Bestimmungen des italienischen Gesetzes aus dem Jahre 1885, welches hohe Differentialzölle vorsieht, betroffen. Die italienische Handelsmarine wurde ihrerseits durch eine französische Verordnung vom 17. Juli 1886 mit entsprechenden Zuschlagszöllen belegt.

Die Folgen des französisch-italienischen Zollkrieges waren für beide Länder auſserordentlich schädliche. Sombart sagt[1]: „Die schlimmsten Handelsfeindseligkeiten während des 17. und 18. Jahrhunderts können nicht vernichtender auf vorhandene Verkehrsbeziehungen gewirkt haben.“

Was zunächst die Wirkungen des Zollkrieges auf den Auſsenhandel Frankreichs angeht, so treten dieselben in den Gesamtzahlen des auswärtigen Handels nicht in die Erscheinung; der Zollkrieg hat den Gesamtwert der Aus- und Einfuhr Frankreichs nicht merklich beeinfluſst, wie folgende Zahlen beweisen:

Der auswärtige Handel Frankreichs 1886—1890.

Generalhandel.

Jahr	Einfuhr	Ausfuhr
1886	5116,6 Mill. Frcs.	4245,9 Mill. Frcs.
1887	4942,7 „ „	4238,2 „ „
1888	5187,2 „ „	4298,2 „ „
1889	5320,3 „ „	4803,5 „ „
1890	5452,4 „ „	4840,2 „ „

[1] Sombart, op. cit. S. 158.

Spezialhandel.

Jahr	Einfuhr	Ausfuhr
1886	4208,1 Mill. Frcs.	3248,8 Mill. Frcs.
1887	4026,0 „ „	3246,5 „ „
1888	4107,0 „ „	3246,7 „ „
1889	4316,8 „ „	3704,0 „ „
1890	4436,9 „ „	3753,4 „ „

(Aus dem „Tableau général du commerce de la France avec ses colonies et les puissances étrangères pendant l'année 1890", p. VIII.)

Wenn das Bild des Gesamtaufsenhandels auch als unverändert erscheint, so verhält es sich doch ganz anders, wenn nur der Handel Frankreichs mit Italien in Betracht gezogen wird.

Der Wert der Ausfuhr Frankreichs nach Italien betrug[1]:

Jahr	Generalhandel	Spezialhandel
1885	259,4 Mill. Frcs.	177,3 Mill. Frcs.
1886	262,6 „ „	192,5 „ „
1887	269,2 „ „	192,1 „ „
1888	180,4 „ „	119,4 „ „
1889	209,0 „ „	143,8 „ „
1890	208,2 „ „	149,9 „ „

Von der verminderten französischen Ausfuhr nach Italien wurden am schwersten die Textilwaren betroffen. Der Wert der Ausfuhr nach Italien betrug 1887 und 1888 für[2]:

		1887 in 1000 Frcs.	1888 in 1000 Frcs.
Gewebe aus	Wolle . . .	20 082	6 660
	Seide . . .	6 833	3 382
	Baumwolle .	5 267	1 577
	Lein . . .	673	328
Garne aller Art . .		2 996	1 759
Konfektion		1 935	865
		37 786	14 571

Die Entwicklung, welche der auswärtige Handel Frankreichs im Jahre 1888 mit den übrigen Ländern, aufser Italien, genommen hat, hat es ihm ermöglicht, die durch den Zollkrieg mit Italien erlittenen Verluste teilweise wieder gut zu machen. So hat Frankreich[3] 43 Millionen gedeckt durch Verkäufe nach

[1] Tableau général du commerce de la France, 1890, p. XXIV.

[2] Rapport annuel du président de la commission permanente de valeurs de douane pour l'année 1888. — Bull. de statistique . . ., 1889, p. 558.

[3] Ebenda.

England, 23 Millionen durch die Steigerung der Ausfuhr nach Spanien, 20½ Millionen durch eine vermehrte Ausfuhr nach Algier, und 36 Millionen endlich, die sich auf den Mehrwert der mit Rumänien, Britisch-Indien, Brasilien, Kolumbien, Uruguay, Chile, Senegal, Réunion, Guadeloupe vollzogenen Tauschgeschäfte verteilen.

Weit ungünstiger als für Frankreich waren die Wirkungen des Zollkriegs für Italien, dessen Handel die durch den verminderten Güteraustausch mit Frankreich erlittenen Verluste nicht durch erhöhten Verkehr mit den anderen Ländern ersetzen konnte. Daher zeigen sich die Folgen des Zollkrieges auch schon in der allgemeinen Statistik des auswärtigen Handels Italiens. Die Einfuhr Italiens betrug im Spezialhandel (ohne Edelmetalle) von 1880—1890[1]:

1880	1187 Mill. Lire
1881	1240 „ „
1882	1227 „ „
1883	1288 „ „
1884	1320 „ „
1885	1460 „ „
1886	1456 „ „
1887	1606 „ „
1888	1175 „ „
1889	1399 „ „
1890	1320 „ „

Die bedeutende Abnahme der Einfuhr in den Jahren 1889—1890 zeigt schon die Wirkungen des Zollkrieges. Die Ausfuhr Italiens gestaltete sich in denselben Zeiträumen:

1880	1104 Mill. Lire
1881	1166 „ „
1882	1152 „ „
1883	1186 „ „
1884	1071 „ „
1885	951 „ „
1886	1028 „ „
1887	1002 „ „
1888	892 „ „
1889	951 „ „
1890	895 „ „

Durch den französisch-italienischen Zollkrieg wurde nicht nur das Verhältnis der beiden nächstbeteiligten Länder getrübt, sondern es hatten unter demselben auch gar nicht be-

[1] Die Zahlen sind der italienischen Statistik entnommen (Movimento Commerciale del Regno D'Italia anno 1890, p. 628).

teiligte Staaten, wie die Schweiz und besonders Österreich-Ungarn, zu leiden. Andererseits hatte der Handel anderer Länder, wie der Rufslands, Grofsbritanniens und Deutschlands, von dem Zollkriege Nutzen, wesentlich auf Kosten der französischen Ausfuhr. Die Veränderungen, welche in der Beteiligung an der italienischen Einfuhr durch den Zollkrieg eintraten, sind aus folgender Tabelle ersichtlich[1]:

Anteil der verschiedenen Länder an der Einfuhr Italiens.

Ursprungsland	1886		1889	
	1000 Lire	Prozent	1000 Lire	Prozent
Osterreich-Ungarn	222 706	15	159 441	11
Belgien	28 678	2	46 910	3
Frankreich	310 844	21	167 466	12
Deutschland	129 301	9	156 387	11
Grofsbritannien	274 655	19	313 712	23
Griechenland und Malta	7 091	—	8 773	1
Holland	7 979	—	4 701	—
Rufsland	94 807	7	153 587	11
Spanien, Gibraltar und Portugal	8 354	1	14 290	1
Schweden, Norwegen und Dänemark	7 092	—	10 193	1
Schweiz	81 140	6	62 303	4
Türkei	46 322	3	50 293	4
Englische Besitzungen (Indien)	99 531	7	93 169	7
Ägypten	10 784	1	20 801	2
Tunesien und Tripolis	14 062	1	7 335	1
Vereinigte Staaten und Kanada	55 246	4	75 352	5
Uruguay	3 256	—	1 850	—
Republik Argentinien	13 507	1	14 713	1
Übriges Amerika	26 955	2	15 195	1
Andere Länder	14 023	1	14 683	1
	1 456 333	100	1 391 154	100

Jeder Kommentar zu den in diesen Tabellen vorhandenen Zahlen erscheint überflüssig. Unzweifelhaft hat Italien durch den von ihm unvorsichtig begonnenen Zollkrieg selbst am meisten gelitten, und so ist es begreiflich, dafs es bald des ungleichen Kampfes müde wurde und durch das Gesetz vom 25. Dezember 1889 die Differentialzölle auf französische Produkte aufhob und vorläufig die französischen Provenienzen nach dem Generaltarif behandelte.

Frankreich folgte dem Beispiel Italiens nicht sofort, sondern hob erst durch Art. 17 des Zolltarifgesetzes vom 11. Januar 1892 die Kampfzölle auf.

[1] Bolletino Di Legislazione E Statistica Doganale E Commerciale, 1890, II, p. 145.

Viertes Kapitel.

Die Tarifreform vom Jahre 1892.

Die in den achtziger Jahren in Frankreich entstandene protektionistische Strömung hatte immer weitere Kreise ergriffen. Die Ereignisse der letzten Jahre hatten gezeigt, dafs die schutzzöllnerische Agitation schon grofse Erfolge in den verschiedenen Erhöhungen der Zölle auf landwirtschaftliche Produkte zu verzeichnen hatte; aber ihren Höhepunkt erreichte die Schutzzollbewegung erst im Anfang der neunziger Jahre. Die Neuregelung der kommerziellen Beziehungen Frankreichs mit dem Auslande stand bevor. Mit dem 1. Februar 1892 liefen wichtige Handelsverträge ab, und es handelte sich jetzt darum, die Neugestaltung der Zollpolitik in der für die französische Volkswirtschaft günstigsten Weise vorzunehmen. Wie hat Frankreich diese wichtige Aufgabe gelöst, und welches waren die Folgen der neuen handelspolitischen Mafsnahmen für die französische Volkswirtschaft?

Auf diese beiden Fragen eine Antwort zu geben, soll im folgenden versucht werden.

Hatten schon die Wahlen des Jahres 1885 den Schutzzöllnern grofse Erfolge gebracht, so war der Ausfall der im Herbst 1889 stattgehabten Neuwahlen zur Deputiertenkammer ein neuer und noch glänzenderer Beweis dafür, dafs die Mehrheit des französischen Volkes mit der begonnenen Schutzzollpolitik einverstanden war und eine konsequente Weiterbildung derselben erwartete. In den agrarischen Bezirken Nordfrankreichs wie in den Weingegenden des Südens hatten die Freihändler vollständig den Boden verloren; kein Kandidat hatte die Mehrheit der Wähler für sich gewinnen können, der nicht vorher versprochen hatte, seine Kräfte „dem gerechten Schutze der nationalen Arbeit“ zu weihen.

Infolge der günstigen Wahlergebnisse war zu Beginn der neuen Sitzungsperiode eine hoffnungsfrohe Siegesstimmung in die Reihen der Schutzzöllner eingezogen, und dieser entsprach es, dafs gleich nach dem Zusammentritt der Kammer der alte und bewährte Führer der agrarischen Schutzzöllner, Jules Méline, der einen grofsen Teil der bisher erzielten Erfolge sich zuschreiben darf, auch schon wieder einen Antrag einbrachte, der einen Maiszoll von 3 Frcs. und einen Zoll auf Reis im Betrage von 8 Frcs. verlangte. Dieser Antrag war von der vorhergehenden Kammer in den Jahren 1885, 1887 und 1889 schon dreimal abgelehnt worden. Méline beantragte, eine Zollkommission von 55 Mitgliedern zu wählen, die dann über die Erhöhung der Zölle für Mais und Reis beraten sollte, gleichzeitig aber auch berechtigt sein sollte, in allen zollpolitischen Fragen, die von der Kammer ihr zugewiesen werden würden, die nötigen Vorarbeiten zu unternehmen. Die Kammer nahm den Vorschlag Mélines an und am 28. Januar 1890 wurde die grofse Zollkommission gewählt. Die Zollkommission zählte unter ihren 55 Mitgliedern 39 Schutzzöllner, die entschlossene Gegner der Erneuerung der Handelsverträge waren und höhere Zölle verlangten, ferner acht Freihändler, die im Prinzip die Handelsverträge nicht verwarfen und die gegen eine Erhöhung der bestehenden Zölle waren, und endlich aus acht Deputierten, die eine mittlere Stellung einnahmen, die einen gewissen Schutzzoll für notwendig hielten und den Handelsverträgen weniger feindlich gegenüberstanden[1]. Von Anfang an bestand somit in der Kommission eine starke Mehrheit gegen die Erneuerung der Handelsverträge. Zum Präsidenten der Kommission wurde Méline gewählt.

Der Antrag Mélines auf Erhöhung der Reis- und Maiszölle wurde von dieser Kommission angenommen und fand auch in der Kammer nach heftigem Widerstande von freihändlerischer Seite Annahme. Diese Debatten hatten ein Vorspiel der Kämpfe, die sich bei der kommenden Beratung der Neuregelung der Zollpolitik einstellen würden, gegeben. Im Senat ging der Antrag Méline ebenfalls durch, und am 8. Juli 1890 wurde das Gesetz, betreffend die Zollerhöhungen, verkündet.

Von jetzt an betrugen die Zölle für 100 kg für:

Mais in Körnern	3	Frcs.
Reis im Stroh	3	"
Maismehl	3	"
Bruchreis	6	"
Reis in ganzen Körnern } Mehl oder Gries }	8	"
Dari oder Hirse in Körnern	3	"
" " " " Mehl	4,50	"

Der Oberhandelsrat war von dem Minister Tirard beauftragt worden, in betreff der kommenden Neuregelung der

[1] Journal des Economistes, février 1890, p. 241.

Handelspolitik die vorbereitenden Schritte zu tun, besonders sich über die Wünsche und Ansichten der Interessenten zu unterrichten. Daher sandte der Oberhandelsrat einen Fragebogen an die wichtigsten Interessenvertretungen, besonders an die Handelskammern, an die beratenden Kammern und die beruflichen Syndikate. Er forderte darin die genannten Körperschaften auf, sich gutachtlich zu äufsern 1. über die Lage der Industrie ihres Bezirks, über den Einflufs der gegenwärtigen Wirtschaftspolitik auf die Industrie, hinsichtlich der Produktion, der heimischen Konsumtion und der ausländischen Konkurrenz; 2. wohin aus ihrem Bezirk exportiert werde und wieviel diese Ausfuhr betrage; ferner wie grofs die Einfuhr fremder ähnlicher Erzeugnisse sei und welche Veränderungen die Zahlen der Ein- und Ausfuhr seit dem Bestehen des gegenwärtigen Wirtschaftssystems erfahren hätten; 3. darüber, ob man die bestehenden Verträge kündigen solle, und wodurch sie zu ersetzen seien; ob man neue Verträge schliefsen oder sich volle Handelsfreiheit bewahren solle; ob der Staat einen einzigen Generaltarif aufstellen solle, der dann ohne Unterschied auf alle Länder Anwendung finden würde, oder zwei Tarife, einen Maximal- und einen Minimaltarif, von denen der letzte nur auf diejenigen Nationen Anwendung finden würde, die Frankreich entsprechende Vorteile gewährten; 4. über Zölle auf für die Industrie ihres Bezirks notwendige Rohstoffe; über etwaige Ersatzmittel der Rohstoffzölle; 5. über etwa gewünschte Änderungen des Generaltarifs in Bezug auf die Höhe und die Klassifikation der Zölle; 6. über die Zweckmäfsigkeit, das Zollsystem der Kolonien dem des Mutterlandes vollständig anzupassen, und endlich 7. ob es unter den Eisenbahnen ihres Bezirks solche gäbe, welche die ausländische Konkurrenz zum Nachteile der heimischen Industrie förderten[1].

Wie man sieht, trug der Fragebogen allen Verhältnissen Rechnung und eine gewissenhafte und verständige Beantwortung aller vorgelegten Fragen konnte wohl eine offizielle Enquete ersetzen. Aufser dieser vom Oberhandelsrat veranstalteten Umfrage veranlafste der Oberlandwirtschaftsrat eine Enquete bei den landwirtschaftlichen Interessenvertretungen.

Am 16. Juni 1890 wurde der Oberhandelsrat einberufen, um sich mit der Frage der Erneuerung der Handelsverträge zu beschäftigen. Bei dieser Gelegenheit wurden die Antwortschreiben veröffentlicht, die auf den vom Oberhandelsrat am 18. Dezember 1889 versandten Fragebogen eingegangen waren. Es hatten geantwortet: 104 Handelskammern (von 107), 50 beratende Kammern (von 66), nur 300 berufliche Genossenschaften (von 817). Bekanntlich war die wichtigste der gestellten Fragen die der Beibehaltung oder der Kündigung der

[1] Journal des Economistes, 1890, janvier p. 147.

bestehenden Handelsverträge, die des Abschlusses von neuen Verträgen oder der Aufgabe des Handelsvertragssystems. Von den gefragten Interessenvertretungen verlangten 96 Handelskammern und 45 beratende Kammern die Kündigung der bestehenden Handelsverträge; 35 Handelskammern und 10 beratende Kammern waren für den Abschluſs neuer Verträge, während 62 Handelskammern und 37 beratende Kammern die Ansicht vertraten, der Staat müsse sich seine volle Handelsfreiheit bewahren. Auch die beruflichen Genossenschaften sprechen sich mit groſser Mehrheit gegen die Erneuerung der bestehenden Handelsverträge aus.

Der Handelsminister Jules Roche erklärte in der Eröffnungssitzung des Oberhandelsrates, daſs die Regierung, die schon am 18. März 1890 dem Parlamente gegenüber sich verpflichtet hatte, die mit dem 1. Februar 1892 ablaufenden Verträge zu kündigen, jetzt die dazu notwendigen Schritte unternehmen würde[1].

Der Oberhandelsrat und der Oberlandwirtschaftsrat verarbeiteten das durch die Umfragen erhaltene Material, und schon am 20. Oktober 1890 ging der fertige Regierungsentwurf des neuen Zolltarifgesetzes der Deputiertenkammer zu.

In der Begründung des neuen Zolltarifentwurfs weist die Regierung auf die Ergebnisse der von dem Oberhandelsrat und dem Oberlandwirtschaftsrat gemachten Untersuchungen hin und führte etwa aus[2]:

Die meisten der um Rat befragten Interessenvertretungen waren einig in der Überzeugung, daſs seit der Aufstellung des Generaltarifs vom Jahre 1881 und dem Abschlusse der Verträge dieses und der folgenden Jahre die wirtschaftlichen Verhältnisse sich bedeutend geändert hätten, so daſs das französische Zollsystem nicht mehr dem gegenwärtigen Zustande angepaſst sei.

Die wirtschaftliche Veränderung ist herbeigeführt einmal dadurch, daſs die Fortschritte in der Technik neuen Völkern aufblühende Industrien gegeben haben, ferner durch die unaufhörliche Verbesserung der Verkehrs- und Transportmittel und endlich durch die neuerdings zur Geltung kommenden Bestrebungen der Sozialpolitik.

Die Regierung bemerkte ferner, daſs die meisten europäischen Staaten dem Beispiele Deutschlands gefolgt seien und neuerdings eine mehr oder weniger ausgeprägte Schutzzollpolitik eingeschlagen hätten. Daher wollte auch Frankreich hierin nicht zurückbleiben.

„Angesichts der angeführten Änderungen, die seit zehn Jahren in der Handelspolitik der meisten Staaten eingetreten

---

1 Journal des Economistes, juillet 1890, p. 146.
2 Bulletin de statistique, 28, p. 536.

sind, glaubt die französische Regierung den Wünschen einer überwiegenden Mehrheit von Interessenten aus Landwirtschaft, Industrie und Handel willfahren zu müssen, um die Zukunft der heimischen Produktion zu sichern und dem Staate erhöhte Einnahmen zu verschaffen."

Bei der Frage der Handelsverträge ging die Regierung auf die Ansichten der Freunde und Gegner der Verträge ein. Das System der Handelsverträge war von allen Seiten angegriffen worden und hatte auch im Oberhandelsrat keine Zustimmung gefunden, wenn auch selbst in dieser Körperschaft warme Verteidiger derselben vorhanden waren. Die Anhänger des Handelsvertragssystems sagen: Nur durch die Handelsverträge kann den internationalen Beziehungen diejenige Stabilität verliehen werden, ohne welche Handel und Industrie nicht gedeihen können. Besonders wichtig sind Handelsverträge für Frankreich, dessen industrielle Produktion bei weitem die Bedürfnisse der heimischen Konsumtion übersteigt und daher auswärtige Absatzmärkte nötig hat. Frankreich darf es nicht wagen, sich wirtschaftlich zu isolieren und mit einer Politik zu brechen, die sich 30 Jahre lang gut bewährt hat.

Die Gegner der Handelsverträge richten ihre Vorwürfe hauptsächlich gegen die Art und Weise, in welcher die Verträge bisher abgeschlossen worden sind. Sie glauben nicht, daſs den Handelsverträgen das Verdienst an dem allgemeinen Aufblühen zuzuschreiben ist und erinnern daran, daſs der Aufschwung schon vor 1860 begonnen hat. Die Handelsverträge bringen mit sich 1. eine längere Dauer, 2. die Unveränderlichkeit der Tarife während dieser Zeit und 3. die Klausel der Meistbegünstigung.

Den Gegnern der Handelsverträge erscheint die lange Dauer derselben unvereinbar mit den auſserordentlich wechselnden wirtschaftlichen Bedingungen der industriellen Produktion, mit den plötzlichen Änderungen, die ein neues Produktionsverfahren im Gefolge hat, mit der Nutzbarmachung von bisher nicht zu Produktionszwecken verwandter Rohstoffe, mit der Änderung der Transportmittel und der Transportkosten und mit der Entwertung der Edelmetalle. Diese Veränderungen müssen in kurzer Zeit ausgeglichen werden können durch entsprechende Modifikation der Tarife. Auſserdem bestreiten die Gegner der Handelsverträge, daſs diese den Produzenten und Händlern die notwendige Stabilität gewähren; denn die Festsetzung eines neuen Vertrags übe wegen der in ihm enthaltenen Klausel der meistbegünstigten Nation eine Wirkung auf die bereits früher abgeschlossenen Verträge aus und zerstöre sofort das Gleichgewicht, das jene zu stande gebracht hätten. Auch sei an die vielen Klagen zu erinnern, die dadurch hervorgerufen wären, daſs bei den Vertragsverhandlungen die Interessen der einen Industrie gegen die der anderen Industrien geopfert seien.

Allzu reaktionäre Interessenten hatten der Regierung vorgeschlagen, ganz auf den Abschlufs von irgend welchen Verträgen und Konventionen zu verzichten und einen autonomen Generaltarif aufzustellen. Ein solcher würde derart berechnet werden, dafs der nationalen Arbeit das Minimum von Schutz, ohne das sie nicht existieren kann, gewährt sei. Dieser Tarif, der immer vom Parlament abgeändert werden könnte, würde ipso facto auf alle Nationen angewendet werden, bei denen keine besonderen Gründe vorliegen, noch höhere Zölle festzusetzen. Solche Gründe könnten doppelte sein, einmal könnte eine Nation Frankreich ungünstiger als andere Länder behandeln, und zweitens könnte irgend ein Staat zu hohe Zölle, die in keinem Verhältnis zu denen des französischen Tarifs ständen, aufstellen. In beiden Fällen würden die Sätze des französischen Generaltarifs ganz oder teilweise erhöht werden können.

Hierauf war die Regierung jedoch nicht eingegangen, denn sie hatte mit Recht befürchtet, dafs dieser Weg, der a priori jedes Vertragselement beseitigte, zu einer wirtschaftlichen Isolierung Frankreichs führen und gefährliche Repressalien hervorrufen könnte.

Die Regierung wollte die „gerechten Ansprüche befriedigen, ohne auf die hauptsächlichsten Vorzüge des gegenwärtigen Systems zu verzichten“. Dazu sollte ihr das System des „Doppeltarifs“ dienen. Hierüber heifst es in der Begründung des Regierungsentwurfs:

„Die Kombination, die der Regierung diesen Bedingungen zu genügen scheint, besteht in der Koexistenz von zwei Tarifen, einem Generaltarif, der dem jetzigen französischen Generaltarif entspricht und welcher, wie jener, fortwährend abgeändert werden kann, und einem Minimaltarif, der die untere Grenze der Konzessionen darstellt, die jede Industrie machen kann, nicht um vollständig gegen die ausländische Konkurrenz geschützt zu sein, sondern um, ohne im Nachteil zu sein, mit ihr zu wetteifern. Die Sätze des Minimaltarifs würden Anwendung finden können auf die Waren aus denjenigen Ländern, welche den französischen Waren entsprechende Vorteile gewährten und in erster Linie unsere Produkte nicht mit höheren Zöllen belegten als die der anderen Nationen. Aber diese Bedingung allein wäre nicht genügend, es wäre aufserdem nötig, dafs die Zölle nicht so hoch wären, dafs sie ein unüberwindliches Hindernis für unsere Ausfuhr bildeten.“

Gleichzeitig gab die Regierung den Interessenten eine tröstliche Versicherung, indem sie sagte: „Der Minimaltarif wird so berechnet werden, dafs keine Industrie der ausländischen Konkurrenz zu erliegen braucht.“

Zu den Einzelheiten des Tarifentwurfs übergehend bemerkte die Regierung, dafs auch fernerhin die landwirtschaftlichen Produkte, wie die Cerealien und das Vieh, ganz aufserhalb des Minimaltarifs bleiben sollten.

Bei den Produkten, die gleichzeitig in beide Tarife eingeschrieben sind, stehen die Zölle des Generaltarifs nicht in einem festen, gleichen Verhältnis zu denen des Minimaltarifs; denn „in Übereinstimmung mit dem Oberhandelsrat hat die Regierung geglaubt, es sei besser, an Stelle einer gleichen Erhöhung aller Artikel bei jedem einzelnen den für die besondere Industrie vorteilhaftesten Zoll festzusetzen". Verschiedene Artikel, z. B. Kohle, haben den gleichen Zoll in beiden Tarifen, da ein Hinausgehen über den Satz des Minimaltarifs dem allgemeinen Interesse entgegenstehen würde.

Sonst hat die Regierung zwischen den beiden Tarifen einen hinreichenden Abstand gelassen und sich auch bemüht, — und das war bei dem gewaltigen Ansturm aller am Schutzzoll interessierter Kreise gewifs keine leichte Aufgabe, — dem gesamten System den Charakter der Mäfsigkeit zu verleihen.

Nachdem die Regierung ihren Zolltarifentwurf der Deputiertenkammer eingereicht hatte, begann die Zollkommission ihre Arbeit. Fast sechs Monate lang wurde der Tarif von ihr in allen seinen Einzelheiten durchberaten und in sehr vielen Punkten wesentlich erhöht. Das Ergebnis der Beratungen der Zollkommission geben die mit grofser Sorgfalt ausgearbeiteten Kommissionsberichte, der Generalbericht des Vorsitzenden der Zollkommission, Méline, und die Spezialberichte für jede Warengruppe. Ein allgemeines Interesse erweckt der Generalbericht Mélines, einmal wegen der Persönlichkeit des Verfassers, der unstreitig die Seele der ganzen Tarifreform bildete, und dann, weil der Bericht ein klares Bild der geplanten Änderung in der Handelspolitik gibt.

Nachstehend führen wir die Ansichten der Zollkommission über den Doppeltarif und die Handelsverträge, so wie sie sich aus dem Generalbericht Mélines[1] ergeben, an:

Die Zollkommission hat den Vorschlag der Regierung, einen Doppeltarif aufzustellen, ohne Zögern angenommen. Die Einrichtung des Doppeltarifs erscheint besonders denjenigen als ein willkommenes Mittel, welche keine Handelsverträge mehr wollen. Der Minimaltarif kann in zweifacher Weise den fremden Nationen bewilligt werden, einmal durch ein besonderes Gesetz, welches nur Frankreich eine Verpflichtung auferlegt, oder durch ein Übereinkommen, das in gleicher Weise beide Parteien verpflichtet. Bis jetzt hat Frankreich beide Systeme praktisch angewandt. England ist der franzö-

---

[1] Annales de la Chambre des Députés — Documents parlamentaires, 1891, 33, p. 542.

sische Vertragstarif durch ein besonderes Gesetz bewilligt worden, ebenso in jüngster Zeit Griechenland. Auf Grund eines besonderen Übereinkommens steht Frankreich auf dem Fuſse der Meistbegünstigung mit Österreich-Ungarn, Ruſsland, der Türkei und Mexiko. Auſser diesen Übereinkommen gibt es solche, die eine enge Verbindung der beiden Nationen bezwecken, indem sie für die ganze Dauer das Zollwesen der in Frage kommenden Staaten festlegen. Diese Übereinkommen heiſsen Handelsverträge.

Wie Méline sich die Anwendung des Minimaltarifs denkt, sagt er offen heraus[1]: „Unsern Minimaltarif bewilligen, heiſst nur, uns verpflichten, der Nation gegenüber, welcher wir die Konzession machen, unsern niedrigsten Tarif anzuwenden; aber wir schulden ihr nur dieses, und wir bleiben die Herren, die Ziffern selbst des Tarifes abzuändern und zu erhöhen, falls die Notwendigkeit dafür uns bewiesen ist. Mit einem Wort, wir versprechen nur eins, nämlich niemals während der Dauer des Übereinkommens unseren Generaltarif auf die betreffende Nation anzuwenden."

Der Minimaltarif könnte auch durch Einverleibung in einen Handelsvertrag einer fremden Nation bewilligt werden. In diesem Falle verträte der Minimaltarif die bisherigen Vertragstarife, mit dem einzigen Unterschiede, daſs er en bloc gegeben würde, während die Vertragstarife das Resultat gegenseitig gemachter Konzessionen bilden.

Die Zollkommission war mit groſser Mehrheit der Ansicht, daſs es im Interesse Frankreichs wäre, keine Handelsverträge mehr abzuschlieſsen, um stets die Möglichkeit zu haben, die Tarife zu verändern. In der Kommission sind Stimmen laut geworden dahingehend, wenn der Abschluſs von langfristigen Handelsverträgen nicht mehr zweckmäſsig sei, solle man auf kurzfristige, die dann gegebenenfalls verlängert werden könnten, eingehen. Die Mehrheit in der Kommission hat diesen Vorschlag abgelehnt, weil kurzfristige Handelsverträge nicht den Vorteil der gewöhnlichen Handelsverträge, nämlich die Wirtschaftspolitik eines Landes festzulegen, hätten. Kurzfristige Verträge würden nur zur Folge haben, daſs jedesmal nach wenigen Jahren eine erneute Diskussion der Wirtschaftspolitik stattfinden müſste. Von diesem Gesichtspunkte aus biete das System der Tarife ohne Verträge wichtige Vorteile für die wirtschaftliche Stabilität eines Landes. Man wird nicht leicht an den nach reiflichem Studium und nach gründlicher Beratung aufgestellten Tarifen rütteln und jedenfalls wird man nur an einer begrenzten Zahl von Artikeln eine Revision vornehmen. Dagegen sind bei den Handelsverträgen die ganzen Tarife Gegenstand der Neuregelung. Die Freunde der Handels-

---

[1] Documents parlamentaires, 1891, 33, p. 542.

verträge wenden ein, dafs man durch dieselben nicht zu unterschätzende Vorteile für die Ausfuhrindustrien erlangen kann. Das war in früheren Zeiten richtig, aber die Erfahrungen der letzten Jahre lehren, dafs die meisten Staaten die Tendenz haben, sich ihren heimischen Markt zu reservieren. Sie streben danach, mehr und mehr sich selbst zu genügen. Für Produkte, die ein anderes Land selbst herstellt, wird es in den Handelsverträgen keine Zugeständnisse machen, und was die Produkte betrifft, die es selbst nicht herstellen kann, so mufs es diese ohnedies vom Auslande beziehen.

Um die anderen Länder zur Annahme des französischen Minimaltarifs zu bewegen, mufs einmal zwischen den Zollsätzen der beiden Tarife ein genügender Absatz vorhanden sein, so dafs die Annahme des Minimaltarifs den anderen Staaten als vorteilhaft erscheint, ferner müssen beide Tarife auf eine möglichst grofse Zahl von Artikeln Anwendung finden; denn je geringer die Zahl dieser Artikel ist, um so kleiner wird die Prämie, die sich aus dem Abstand der beiden Tarife ergibt. Die Kommission hat den Regierungsentwurf aus diesen beiden Gesichtspunkten heraus einer genauen Prüfung unterzogen, und sie ist zur Ansicht gelangt, dafs im Regierungsentwurf der Abstand zwischen den Sätzen des Minimal- und des Maximaltarifs für manche Artikel zu gering ist.

Von vielen Seiten wurde verlangt, die Kolonien wie französische Provinzen zu behandeln. Algier ist hinsichtlich des Zollwesens seit 1884 ein französisches Departement geworden, ebenso Réunion. Die anderen Kolonien würden diesen Beispielen folgen, wenn durch den entstehenden Ausfall an Zolleinnahmen ihre Budgets nicht zu sehr belastet würden. Sie verlangen als Entschädigung eine Zollermäfsigung von 50 Prozent für die nach dem Mutterlande ausgeführten Kolonialprodukte. Letztere aber sind in Frankreich aus fiskalischen Gründen mit hohen Zöllen belegt. Die Zollkommission hält es für geraten, den Wünschen der Kolonien nachzugeben.

Zum Schlufs äufsert Méline noch die Bedenken der Zollkommission über den Artikel 4 des Regierungsentwurfs. Dieser Artikel verleiht nämlich der Regierung das Recht, falls eine Nation die französischen Produkte mit Differenzialzöllen belegt, dieselben Mittel anzuwenden. Der Kommission hat es inkonsequent und unvorsichtig geschienen, der Regierung allein ein solches Recht zu gewähren; sie verlangt, dafs die Regierung verpflichtet sein soll, sofort die Einwilligung der Volksvertretung einzuholen.

Die Beratung des Zolltarifentwurfs in der Deputiertenkammer.

Durch die umfassenden Vorarbeiten des Oberhandelsrats, des Oberlandwirtschaftsrats, der Regierung und der Zollkommission war für die Debatten in den parlamentarischen Körperschaften, in der Deputiertenkammer und im Senat, eine gute Unterlage geschaffen. Die Deputiertenkammer begann die Beratung des Zolltarifentwurfs am 28. April 1891. Über das Schicksal des Entwurfs konnte von vornherein kein Zweifel sein, denn die Schutzzöllner verfügten über eine geschlossene Majorität; die Landwirte des Nordens hatten sich mit den Weinbauern des Südens verbündet, die Industriellen hatten sich gröſstenteils ihnen angeschlossen, und so war eine bedeutende Erhöhung der Zölle als sicher anzunehmen. Es handelte sich in der Hauptsache nur darum, inwieweit die Regierung dem Drängen der Schutzzöllner widerstehen und bei ihrer im Vergleich zum Kommissionsentwurf immerhin noch gemäſsigten Vorlage beharren würde.

Trotzdem die Freihändler schon zu Beginn der Beratung sehr wohl wuſsten, daſs ihre Sache von vornherein verloren war, und obwohl sie nicht so weit gingen, etwa eine Aufhebung oder Ermäſsigung der bestehenden Zölle zu fordern, sondern nur die Beibehaltung des status quo verlangten, so versuchten sie doch mit Aufbietung aller Kräfte, ihrer Sache zum Siege zu verhelfen. Hervorragende Theoretiker wie Léon Say, der Enkel von Jean-Baptiste Say, Männer der Praxis wie Aynard, Charles Roux Lockroy, Raynal und viele andere legten mit glänzender Beredsamkeit den freihändlerischen Standpunkt dar, während auf schutzzöllnerischer Seite nicht weniger gute Redner, allen voran der unermüdliche Jules Méline, ferner Viger, Graux, Deschanel u. s. w. die Erhöhung der Zölle und eine vollständige Änderung der Handelspolitik warm verteidigten.

In der Generaldebatte war die wichtigste Frage die, ob neue Handelsverträge abgeschlossen oder ob auf alle Tarifbedingungen verzichtet werden sollte. Die Freihändler, die im Prinzip keine Freunde von Handelsverträgen waren, hielten diese aber doch für weit besser als die von der Regierung und der Zollkommission geplante Anwendung eines autonomen Doppeltarifs. Sie wiesen immer wieder darauf hin, daſs die Handelsverträge in Frankreich sich gut bewährt hätten, wenn es sich von den schweren Schlägen der Jahre 1870 und 1871 so überraschend schnell erholt hätte, so sei das wesentlich den Handelsverträgen zu danken. Besonders aber warnten sie vor einer wirtschaftlichen Isolierung Frankreichs und vor dem Verlassen der erprobten Bahn in dem Augenblick, in welchem die übrigen europäischen Staaten wieder zur Handelsvertragspolitik zurückkehrten.

Der Standpunkt der Schutzzöllner wurde schon bei der Besprechung des Regierungsentwurfs dargelegt. Sie bestritten den Freihändlern gegenüber nicht, daſs Frankreich sich unter dem Regime der Handelsverträge gut entwickelt habe, aber sie wandten ein, daſs diese Entwickelung nicht gleichen Schritt gehalten habe mit derjenigen der übrigen europäischen Länder. Dieses wies der schutzzöllnerische Handelsminister Jules Roche in der Deputiertenkammer im einzelnen nach. Wir entnehmen seiner Rede[1] die wichtigsten Zahlen.

Von 1849—1866 bewegt sich der französische Ausfuhrhandel in fast regelmäſsiger und schnell aufsteigender Linie, von 1866—1872 steigt die Linie weniger rasch und erreicht 1872 ihren Höhepunkt. Von 1872—1875 bleibt sie horizontal und nur 1875 erhebt sie sich noch über den Stand von 1872. Von 1875—1890 kann man sagen, daſs die französische Anfuhr nach einem Sinken und nach einem Wiederansteigen in den letzten drei Jahren in dem 15jährigen Zeitraum sich gleich geblieben ist. Die Ausfuhr von Fabrikaten zeigt genau dieselbe Linie. Man muſs natürlich den Angaben der amtlichen Statistik noch einen nicht zu unterschätzenden Betrag der unkontrollierbaren Ausfuhr hinzufügen. Trotzdem aber muſs zugegeben werden, daſs die Ausfuhr der wichtigsten anderen Länder sich noch bedeutend günstiger entwickelt hat als die französische Ausfuhr. Wenn man die zehn wichtigsten Länder in dieser Beziehung zum Vergleich heranzieht, so sieht man, daſs z. B. im Jahre 1850 der Gesamtauſsenhandel dieser zehn Länder 8 Milliarden 291 Millionen betrug und England mit 4 Milliarden 413 Millionen an erster Stelle kam, Frankreich an zweiter mit 1 Milliarde 68 Millionen, dann die Vereinigten Staaten mit 715 Millionen, dann die Staaten, welche das heutige Deutsche Reich bilden, mit zusammen 648 Millionen, dann Indien, Ruſsland u. s. w., an neunter Stelle Spanien mit 122 Millionen und zehntens Kanada mit 67 Millionen. — Zehn Jahre später, 1860, kommt Frankreich immer noch an zweiter Stelle. Frankreich hat seinen Auſsenhandel mehr als verdoppelt, ebenso die Staaten, die das heutige Deutsche Reich bilden und die auf die dritte Stelle vorgerückt sind. — Im Jahre 1869 ist Frankreich noch an zweiter Stelle und England an erster. Aber im Jahre 1880 haben sich die Verhältnisse ganz anders gestaltet. Der Gesamtauſsenhandel der zehn Länder beträgt 25 Milliarden. England kommt mit 5 Milliarden 624 Millionen an erster Stelle, dann die Vereinigten Staaten mit 4 Milliarden 367 Millionen, an dritter Stelle steht das

[1] Annales de la Chambre des Députés — Débats parlamentaires 1891, séance du 21 mai.

Deutsche Reich mit 3 Milliarden 619 Millionen, und Frankreich ist mit 3 Milliarden 468 Millionen auf die vierte Stelle zurückgedrängt. — Im Jahre 1890 beläuft sich der Gesamtaufsenhandel dieser zehn Länder auf 28 Milliarden 306 Millionen. England hat den ersten Platz mit 6 Milliarden 279 Millionen bewahrt, Deutschland hat sich den zweiten Platz mit 3 Milliarden 958 Millionen erobert, die Vereinigten Staaten folgen an dritter Stelle mit 3 Milliarden 869 Millionen, Frankreich endlich kommt an vierter Stelle mit 3 Milliarden 704 Millionen.

Im allgemeinen brachte die Generaldebatte wenig Bemerkenswertes, der eigentliche Kampf entbrannte erst bei der Spezialdebatte. Anfangend mit den „Stoffen aus dem Tierreich" wurden die 724 Positionen des Zolltarifentwurfs gründlich durchberaten. Trotzdem ging die Erledigung der Tarifvorlage dank den umfassenden Vorarbeiten noch ziemlich rasch von statten, nur bei wenigen Artikeln erfolgte eine eingehendere Diskussion. Erklärlicherweise wurden sofort bei den „lebenden Tieren" die alten Klagen der französischen Viehzüchter wieder laut. Hier wurden besonders beim Rindvieh, für welches durch das Gesetz vom 5. April 1887 die Zölle schon bedeutend erhöht waren, noch weitere Änderungen vorgenommen. Die nachstehende Tabelle gibt einen Vergleich der bisherigen und der seitens der Regierung und der von der Zollkommission vorgeschlagenen Zölle.

	Einheit	Bisheriger Generaltarif Frcs.	Einheit	Regierungsentwurf Frcs.	Kommissionsentwurf Frcs.
Ochsen	pro Kopf	38,—	100 kg Lebendgewicht	10,—	10,—
Kühe	"	20,—	"	8,—	10,—
Stiere	"	12,—	"	10,—	10,—
Junge Ochsen, junge Stiere	"	8,—	"	8,—	10,—
Widder, Schafe und Hammel	"	5,—	"	15,50	15,50
Lämmer	"	1,—	pro Kopf	1,50	1,50
Spanferkel	"	0,50	"	1,—	1,50

Die Sätze des Kommissionsentwurfs wurden angenommen. Jetzt konnten auch die schon im Jahre 1887 beschlossenen Zollerhöhungen für frisches Fleisch, die bisher wegen der mit der Schweiz und Spanien bestehenden Handelsverträge nicht hatten wirksam werden können, endlich in Kraft gesetzt und vor allem auch die Zölle für frisches Fleisch in ein richtiges Verhältnis zu den Viehzöllen gebracht werden.

Die französischen Landwirte hatten auch für die Abfälle von Tieren, besonders für Häute, Schutzzölle verlangt. Von vornherein hatte aber die Regierung Zölle für diese Artikel, die Rohstoffe bilden für wichtige französische Industrien, abgelehnt, und auch die Zollkommission war zu demselben Ergebnis gekommen. Aus denselben Gründen sollten auch die Wollen, Haare und Federn zollfrei bleiben. Die Kammer stimmte diesen Vorschlägen zu.

Von grofser Bedeutung war die Frage der Zölle auf Rohseide. Nach dem Tarif von 1881 konnte Seide in allen Formen zollfrei eingeführt werden; jetzt hatte die Regierung auf Drängen der landwirtschaftlichen Interessenten folgende Zölle vorgeschlagen:

Einheit		Generaltarif Frcs.	Minimaltarif Frcs.
Seide in frischen Kokons	kg	1	1
„ „ trockenen „	„	3	3
Grège (Rohseide)	100 kg	frei	frei
„ bearbeitet oder mouliniert .	„ „	300	300
Florettseide, roh	„ „	frei	frei
„ gekämmt	„ „	10	10

Die Seidenzüchterei, um derentwillen die Regierung die Kokons mit Zöllen belegt hatte, war in Frankreich nur von geringer Bedeutung. Sie beschäftigte gegen 140 000 Personen, aber nur im Nebengewerbe, da die Züchtung des Seidenwurms höchstens 40 Tage des Jahres in Anspruch nimmt. Es werden jährlich 8 Millionen Kilogramm Kokons produziert, die einen Wert von 30 Millionen Frcs. darstellen [1].

Die Seidenspinner, die ebenfalls an einem Schutzzoll für Rohseide Interesse haben, beschäftigen gegen 15 000 Personen bei einer Jahresproduktion von 700 000 kg Rohseide [1].

Die Seidenindustrie dagegen, die die Rohseide als Rohstoff unbedingt braucht, ist für Frankreich von gröfster Bedeutung, beschäftigt sie doch unmittelbar 450 000 Arbeiter und zahlt jährlich an Löhnen 300 Millionen Frcs. [1].

Nach den Angaben des Handelsministers Jules Roche hat die Seidenweberei nicht weniger als 51 Neben- und Hilfsindustrien, deren Gesamtproduktion auf 650—660 Millionen bewertet werden kann [1].

Die Seidenzölle in Frankreich betrugen in ihrer historischen Folge:

[1] Rapport spécial pour les soies . . . . par M. Jonnart, député (Documents parlamentaires 1891, 31, p. 803).

1. Nach dem Tarif vom Jahre 1822.

	Auf französischen Schiffen eingeführt	Auf ausländischen Schiffen oder zu Lande eingeführt
	Frcs.	Frcs.
Seide in Kokons, 100 kg . . .	1,—	1,10
Rohseide { Grège, 1 kg . . .	1,02	1,10
Rohseide { moulinierte, 1 kg . .	2,04	2,20
Bunte Seide, 1 kg	3,06	3,80
Seidenabfälle { in Ballen, 100 kg	1,—	1,10
Seidenabfälle { gekämmte, kg .	0,82	0,90
Seidenabfälle { gesponnene, kg .	3,06	3,30

2. Nach dem Tarif vom Jahre 1844.

Seide in Kokons, wie 1822.		
Rohseide { Grège	0,05	0,05
Rohseide { moulinierte	0,10	0,10
Bunte Seide wie 1822.		
Seidenabfälle wie 1822.		

3. Nach dem Tarif vom Jahre 1856.

Seide in Kokons	frei	frei
Rohseide wie 1844.		
Bunte Seide wie 1822.		
Seidenabfälle { in Ballen, 100 kg	frei	frei
Seidenabfälle { gekämmte, kg .	0,10	—
Seidenabfälle { gesponnene, kg .	3,—	3,30

4. Nach dem Tarif vom Jahre 1864.

Seide in Kokons	frei	frei
Rohseide	frei	frei
Bunte Seide	frei	frei
Seidenabfälle { in Ballen, 100 kg	frei	frei
Seidenabfälle { gekämmte, „ „	10,—	—
Seidenabfälle { gesponnene, „ „	81,20	—

5. Nach dem Tarif vom Jahre 1869.

Wie nach dem Tarif des Jahres 1864, nur Seidenabfälle, gesponnen, 100 kg 75,—.

6. Nach dem Tarif vom Jahre 1877.

Konventionaltarif wie 1869.

7. Nach dem Tarif vom Jahre 1881.

Konventionaltarif wie 1869.

Hinsichtlich der Seidenzölle hatte sich die Kommission der Regierung angeschlossen, aber die Deputiertenkammer zeigte sich wider alles Erwarten nicht geneigt, diese Vorschläge anzunehmen, sondern lehnte die Zölle auf frische und trockene Kokons ab und bestimmte, dafs dieselben zollfrei bleiben sollten. Die übrigen Sätze des Regierungsentwurfs für die Seiden wurden angenommen.

Die Ablehnung der Zölle auf Kokons war wesentlich aus dem Grunde erfolgt, weil die Regierung versprochen hatte, den bedrängten Seidenzüchtern auf eine andere Weise als durch Schutzzölle zu helfen, nämlich ihnen Prämien zu gewähren. Ein dahingehendes Gesetz wurde von der Kammer und vom Senat angenommen und am 13. Januar 1892 verkündet. Das Gesetz lautet:

„Einziger Artikel. Vom Finanzjahr 1892 ab und für einen Zeitraum von 6 Jahren wird den Seidenzüchtern eine Prämie von 50 Cent. für das Kilogramm Kokons und den Spinnern eine im Verhältnis zur Jahresarbeit stehende Beckenprämie gewährt, welche wie folgt abgestuft wird: 100 Frcs. für das Becken zu 2 Fäden, 400 Frcs. für das Becken zu mehr als 2 Fäden und für die Spinnerei für Doppelkokons 200 Frcs. für das Becken auch zu 1 Faden.“ [1]

Die in den achtziger Jahren erfolgten Zollerhöhungen bleiben mit Ausnahme einer zeitweiligen Herabsetzung der Getreidezölle, auf die wir noch an anderer Stelle zu sprechen kommen, bestehen.

Aufserdem wurde endlich einer der folgenschwersten Fehler des alten Tarifs wieder gut gemacht, nämlich der Weinzoll wurde neu festgesetzt und gegen früher wesentlich erhöht. Bekanntlich hatte Frankreich im Jahre 1881 in dem Handelsvertrag mit Spanien seinen Weinzoll von 3 Frcs. auf 2 Frcs. ermäfsigt. Nicht nur dafs infolge dieser Zollerniedrigung Spanien wie auch die übrigen in Frage kommenden meistbegünstigten Länder die Weineinfuhr nach Frankreich gesteigert hatten, es waren aufserdem auch zahlreiche Mifsbräuche eingerissen. So besafsen die spanischen Weine, die bisher bei der Einfuhr bis zu 15,9 Grad Alkohol enthalten durften, einen gröfseren Alkoholgehalt als die französischen Weine, die einen Alkoholgehalt bis zu 11 und 12 Grad aufwiesen. Da die Einfuhr von Alkohol mit hohen Zöllen belegt war, so diente der Wein als ein bequemes Mittel der Alkoholeinfuhr. Spanien bezog den Alkohol, den es zum grofsen Teil nach Frankreich ausführte, aus Deutschland. Vor dem Abschlufs des französischen Handelsvertrags betrug die Weinausfuhr Spaniens nach Frankreich z. B. im Jahre 1875 300000 hl. In demselben Jahre empfing Spanien aus Deutschland 82000 hl Alkohol.

[1] Journal officiel du 14 janvier 1892.

Nach dem Handelsvertrage, im Jahre 1882, hatte sich die Weinausfuhr Spaniens nach Frankreich auf 6 Millionen Hektoliter gesteigert, während 600 000 hl Alkohol aus Deutschland in Spanien eingeführt waren. Fünf Jahre später, 1887, betrug die Weinausfuhr Spaniens nach Frankreich 7 Millionen Hektoliter bei einer Alkoholeinfuhr aus Deutschland von 800 000 hl[1].

Aufserdem aber fiel der Zeitraum, in welchem die Verträge der Jahre 1881 und 1882 in Kraft waren, zusammen mit der Krisis des Weinbaues. Infolge der Phyloxera ist besonders von 1881 an die Verminderung der Produktion fühlbar geworden. 1869 betrug die Weinernte 56 Millionen Hektoliter, 1875 83 Millionen, 1876 sank sie auf 41 Millionen und stieg 1877 auf 56 Millionen, 1878 sank sie wiederum auf 48 Millionen Hektoliter. In dem zehnjährigen Zeitraum von 1865—1874 betrug die durchschnittliche Weinernte 55 Millionen Hektoliter.

Aber in den folgenden Jahren ist sie schnell gesunken. Bei einer gleichbleibenden Ausfuhr stieg die Weineinfuhr fortwährend. Im Jahre 1873 betrug die Weineinfuhr 292 000 hl, 1877 700 000 hl und hatte im Jahre 1886 11 Millionen und 1887 und 1888 12 Millionen Hektoliter überschritten[2].

Aus der Aussage des Landwirtschaftsdirektors vor der „Oberkommission zur Bekämpfung der Phyloxera" ersieht man, dafs die verheerende Krankheit ungefähr 1 Million Hektar Weinberge zerstört hat[3]. Aber überall in Frankreich ist man energisch gegen das Übel vorgegangen; die Regierung liefs Abwehr- und Vorbeugemittel an die Weinbauern verteilen und gewährte ihnen finanzielle Erleichterungen, damit sie die zerstörten Weinberge wieder neu pflanzen konnten.

Es ist erklärlich, dafs bei einer so ungünstigen wirtschaftlichen Lage die Forderungen der Weinbauern, ihr Produkt durch Schutzzölle gesichert zu sehen, auf keiner Seite ernstlichen Widerspruch fand. Alle gaben zu, dafs infolge des spanischen Handelsvertrags und der damit verbundenen Mifsbräuche sowie durch das Auftreten der Phyloxera die Lage der Weinbauern eine traurige geworden sei und dafs höhere Weinzölle notwendig seien. Nur über die Höhe der festzusetzenden Zölle war man sich nicht einig. Die Regierung hatte vorgeschlagen, für jeden Grad Alkoholgehalt bis zum Maximum von 12 Grad und für jeden Hektoliter Flüssigkeit 70 Cent. im Generaltarif und 50 Cent. im Minimaltarif festzusetzen, während die Zollkommission zunächst die Grenze des zulässigen Alkoholgehalts auf 11 Grad exklusive, also auf

---

[1] Annales de la Chambre des Députés. — Documents parlamentaires, 1891, 34, II, p. 985.

[2] Annales de la Chambre des Députés. — Documents parlamentaires, 1891, 34, p. 11.

[3] Journal des Economistes, juin 1886, p. 400.

10,9 Grad erniedrigte und dann für jeden Grad und pro Hektoliter im Generaltarif 1,20 Frcs. und im Minimaltarif 70 Cent. vorschlug. Trotzdem die Regierung in der Kammer energisch den Kommissionsantrag bekämpfte, wurde dieser dennoch mit 311 gegen 228 Stimmen angenommen.

Eine weitere wichtige Frage war die der Zölle auf ölhaltige Früchte und Samen. Bei diesen Produkten, die Rohstoffe für wichtige Industrien bilden, sind diejenigen zu unterscheiden, die in Frankreich selbst gewonnen werden können, und diejenigen, die nur vom Auslande bezogen werden können. Die letzteren, nämlich 1. Arachiden in der Schale und Niger, 2. Hanf-, Ravison- und Baumwollsamen, 3. Leinsaat und 4. Kopra (Kokoskern), Tulukune, Palmisse, Moera und Illipe liefs der Regierungsentwurf zollfrei, während die Zollkommission für die unter 1—3 genannten Artikel Zölle vorgesehen hatte. Für die Produkte, die in Frankreich selbst kultiviert werden, wie Mohn-, Raps- und Rübsamen, Senf- und Sesamsamen, setzte auch der Regierungsentwurf Schutzzölle fest. Für die französische Landwirtschaft kam am meisten die Kultur von Raps-, Mohn- und Rübsamen in Betracht. Die zu dieser verwandte Fläche betrug im Jahre 1890 nur gegen 95000—98000 ha und die Jahresproduktion bewertete sich auf ungefähr 30 Millionen Frcs., während im Jahre 1862 noch eine Fläche von 300000 ha mit diesen Pflanzen bestellt war und die Jahresproduktion einen Wert von 123 Millionen Frcs. darstellte[1]. Die Verminderung der Produktion hat ihren Grund in dem Sinken der Nachfrage, und letzteres ist eingetreten durch die im Beleuchtungswesen gemachten technischen Fortschritte.

Nach langer und heftiger Diskussion wurden die Kommissionsvorschläge mit 328 gegen 216 Stimmen von der Kammer abgelehnt, während die Sätze des Regierungsentwurfs Annahme fanden.

Bei den übrigen Artikeln ging die Beratung schneller von statten. Für die Produkte der Metallurgie wurden nur wenige Modifikationen von unwesentlicher Bedeutung vorgenommen und in der Hauptsache die alten Zollsätze beibehalten. Am 18. Juli 1891 wurde der Zolltarif in seiner Gesamtheit von der Deputiertenkammer angenommen und unverzüglich dem Senat überwiesen. Die Zollkommission des Senats unterzog den Entwurf einer genauen Prüfung. Man erwartete, dafs der Senat sich darauf beschränken würde, in einigen unwesentlichen Punkten kleine Änderungen zu verlangen, die dann von der Deputiertenkammer ohne Schwierigkeiten gutgeheifsen werden würden. So schnell wurde aber

[1] Die Zahlen sind der Rede des Landwirtschaftsministers Develle in der Sitzung vom 18. Juni 1891 entnommen (Annales de la Chambre des Députés — Débats parlamentaires, 1891, 34, I, p. 782).

die Tarifvorlage im Senat nicht erledigt. Die Beratung begann am 19. November 1891 und dauerte bis zum 17. Dezember. Das Resultat derselben war ein Tarif, der noch weit schutzzöllnerischer war als derjenige der Deputiertenkammer. Vor allem hatte der Senat die von der Kammer abgelehnten Zölle für ölhaltige Früchte und Samen angenommen.

Vom Senat ging der Zolltarifentwurf an die Deputiertenkammer zurück. Diese nahm von den 176 vom Senat beschlossenen Veränderungen, die fast ausnahmslos Erhöhungen der Zollsätze darstellten, 148 an. Sie weigerte sich aber, in die Festsetzung von Zöllen für ölhaltige Samen zu willigen, und ebenso wollte sie nicht den Zoll für gekämmten Hanf erhöhen.

Aufserdem reduzierte die Deputiertenkammer bei der zweiten Beratung den Zoll für Petroleum und andere Mineralöle, den sie zuerst auf 18 Frcs. für die rohen und 23 Frcs. für die raffinierten Öle in beiden Tarifen festgesetzt hatte und deren letzter Satz im Senat von 23 auf 24 Frcs. erhöht worden war, auf 7 Frcs. für die rohen und auf 12 Frcs. für die raffinierten Öle.

Der Senat beharrte aber bei den von ihm angenommenen Zöllen für diese Artikel, und der Zolltarifentwurf mufste noch einmal an die Deputiertenkammer zurück. Als Generalberichterstatter der Zollkommission schlug Méline vor, die vom Senat aufgestellten Zollsätze für die Mineralöle anzunehmen; aber die Kammer lehnte diesen Antrag mit knapper Mehrheit, 261 gegen 247 Stimmen, ab. Die Kammer blieb bei den Zöllen von 7 und 12 Frcs. Dagegen nahm die Kammer den vom Senat für gekämmten Hanf geforderten Zoll an; auf die Zölle für ölhaltige Samen hatte der Senat schliefslich verzichtet. Der einzige Punkt, über den Kammer und Senat sich nicht hatten einigen können, war der Petroleumzoll.

Als der Zolltarif zum drittenmal vor den Senat gelangte, forderte die Zollkommission des Senats, dafs die Zölle für Petroleum vollständig aus dem Tarif gestrichen würden. Vorläufig sollte der status quo beibehalten werden bis zum 30. September 1892. Bis zu diesem Termin sollte die Regierung ein besonderes Gesetz für die Behandlung des Petroleums vorbereiten. Damit war der Senat einverstanden und beschlofs, die gegenwärtig bestehenden Zölle für Petroleum beizubehalten. Daher mufste der Tarifentwurf nochmals an die Deputiertenkammer zurückgehen. Die Kammer gab nach und nahm am 7. Januar 1892 die Vorschläge des Senats an.

Der Präsident Carnot unterzeichnete das Tarifgesetz am 11. Januar 1892.

Fünftes Kapitel.

Das Zolltarifgesetz vom 11. Januar 1892.

Das nach so vielen Schwierigkeiten endlich zu stande gekommene französische Zolltarifgesetz ist ein kompliziertes und wenig übersichtliches Gebilde. Es enthält zunächst allgemeine Bestimmungen über Anwendung und Durchführung der Tarifreform und dann die Tarife selbst.

Die über die französische Grenze ein- und ausgeführten Waren unterliegen den im Generaltarif oder im Minimaltarif aufgestellten Zollsätzen. Der Minimaltarif kann auf die Waren derjenigen Länder in Anwendung gebracht werden, welche den französischen Waren entsprechende Vorteile gewähren und welche auf dieselben ihre niedrigsten Tarife anwenden. Für die Erzeugnisse aufsereuropäischen Ursprungs behält sich das Gesetz bei ihrer Einfuhr aus einem europäischen Lande Zollzuschläge vor, ebenso für europäische Produkte, die aus einem anderen als dem Ursprungslande importiert werden. Auf die aus den französischen Kolonien und Besitzungen und Schutzländern Hinterindiens in Frankreich eingeführten Produkte kommen teils die Zölle des Tarifs des Mutterlandes zur Anwendung, wie für Zucker, Sirup, Bonbons, teils werden die Zölle des französischen Tarifs für die Kolonialprodukte auf die Hälfte ermäfsigt. Die letztere Bestimmung gilt für Konfituren und Früchte jeder Art, in Zucker oder Honig eingelegt, Kakao, Schokolade, Kaffee, Tee, Pfeffer, Piment, Gewürznelken, Zimt, Vanille u. s. w. Die aus Algier eingeführten fremden Produkte zahlen, wenn sie dort durch Einrichtung der Zölle des Mutterlandtarifs nationalisiert worden sind, die Differenz zwischen den Zöllen des algierischen Tarifs und denen des Mutterlandtarifs. Ausgenommen von der bevorzugten Behandlung sind die französischen Gebiete an der westafrikanischen Küste (mit Ausnahme von Gabun), Tahiti und dessen Dependenzen, die französischen Besitzungen in Ostindien, Obock, Diego-Suarez, Nossi-Bé und Sainte Marie de Madagaskar. Ausländische Erzeugnisse unterliegen bei der

Einfuhr in die französischen Kolonien, Besitzungen und Schutzländer, mit Ausnahme der oben angeführten Gebiete, denselben Zöllen wie bei der Einfuhr in Frankreich. Artikel 5 des Zollgesetzes bestimmt, dafs die Erzeugnisse einer französischen Kolonie bei der Einfuhr in eine andere französische Kolonie keinerlei Zöllen unterliegen.

Das Gesetz verleiht der Regierung das Recht, auf Waren derjenigen Länder, welche französische Waren mit Zuschlägen oder mit dem Einfuhrverbot belegen, ganz oder teilweise Zuschläge oder Einfuhrverbote zur Anwendung zu bringen; jedoch soll die Regierung diese Mafsregeln den Kammern, sofern sie versammelt sind, sofort, anderenfalls bei Beginn der nächsten Session zur Genehmigung vorlegen.

Der neue Zolltarif ist reich gegliedert, er enthält nicht weniger als 721 Positionen. Dieses bedeutet besonders für die damalige Zeit eine weitgehende Spezialisierung, wenn auch andere Staaten in den letzten Jahren in ihre Zolltarife noch eine gröfsere Anzahl von Positionen eingeschrieben haben. Von den 721 Positionen des französischen Tarifs umfafst der Einfuhrtarif 654 und der Ausfuhrtarif 3 Positionen. Eine dritte Tabelle enthält für 37 Erzeugnisse aufsereuropäischen Ursprungs, welche aus europäischen Ländern eingeführt werden, die Zuschlagszölle, und 28 Produkte europäischen Ursprungs werden in einem vierten Tarif mit Zuschlagszöllen belegt, wenn sie nicht aus den Erzeugungsländern eingeführt werden.

Wie in anderen Ländern, so hat man auch in Frankreich in dem Zolltarif eine systematische Anordnung der Zölle nach Produktionsgruppen angenommen. Der französische Zolltarif gliedert sich folgendermafsen:

I. Animalische Stoffe:

Lebende Tiere.	Rohe tierische Stoffe zu Arznei- und Parfümeriezwecken.
Tierische Produkte und Abfälle.	Harte Schnitzstoffe.
Produkte des Fischfanges.	

II. Vegetabilische Stoffe:

Mehlhaltige Nahrungsmittel.	Fasern, Stengel und Früchte ... zur Verarbeitung.
Früchte und Sämereien.	Farb- und Gerbstoffe.
Kolonialwaren.	Verschiedene Erzeugnisse ... und Abfälle.
Vegetabilische Öle und Pflanzensäfte.	Getränke.
Medizinalstoffe.	
Holz.	

III. Mineralische Stoffe:

Marmor, Steine, Erden und mineralische Brennmaterialien.	Metalle.

IV. Fabrikate:

Chemische Produkte.	Häute und Pelzwerk bearbeitet.
Zubereitete Farbstoffe.	Metallwaren.
Farben.	Waffen, Schiefspulver und Munition.
Verschiedene Kompositionen.	Möbel.
Tonwaren.	Holzwaren.
Glas- und Kristallwaren.	Musikalische Instrumente.
Garne.	Sparterie- und Korbwaren.
Gewebe.	Waren aus verschiedenen .... Materialien.
Papier.	

Es liegt auf der Hand, dafs sich die grofse Menge der verschiedensten Waren, die im internationalen Handelsverkehr auftreten, nicht immer leicht in einzelnen Gruppen zusammenfassen läfst, ohne dafs in einzelnen Fällen sich Fehler in der Gruppierung zeigen. So bleibt auch im französischen Zolltarif die Grenze zwischen den Fabrikaten und den anderen Gruppen unbestimmt. Um von den Ungenauigkeiten bei der Unterbringung in die vier Hauptgruppen nur einige Beispiele anzuführen, genügt es, darauf hinzuweisen, dafs z. B. Fleischkonserven in Büchsen, Butter und Käse unter den tierischen Stoffen, Tabak und Getränke unter den vegetabilischen Stoffen, Alabaster, Vaseline und Eisenbahnschienen unter den Mineralstoffen ihren Platz gefunden haben, während z. B. Salz zu den Fabrikaten gerechnet wird. Es ist natürlich und unvermeidlich, dafs bei der weiteren Zergliederung innerhalb der einzelnen Gruppen in den Unterabteilungen oftmals Fälle eintreten, wo die Klassifikation als zweifelhaft erscheint. Von diesen kleinen Ausstellungen abgesehen, wird man dem französischen Zolltarif eine strenge Systematik nicht absprechen können.

Im allgemeinen enthält der Zolltarif spezifische Zölle. Nur für wenige chemische Produkte sind provisorisch Wertzölle beibehalten. Der Stückzoll besteht bei Vieh, Austern, Sätteln, Uhren, Musikinstrumenten, Hüten, Sonnen- und Regenschirmen; Getränke werden nach dem Hektoliter, Schiffe per Tonne Tragfähigkeit verzollt.

Die Einfuhr auf Zeit läfst der Zolltarif für 35 Artikel bestehen und gewährt sie neu für 19 Artikel.

Der Zolltarif hat einen ausgesprochen schutzzöllnerischen Charakter, er ist bei weitem protektionistischer als der Tarif vom Jahre 1881. Die Industrieprodukte weisen durchschnittlich eine Zollerhöhung um 69 Prozent auf, während die landwirtschaftlichen Erzeugnisse mit Zöllen von durchschnittlich 25 Prozent des Wertes belegt worden sind. Bei vielen Zollerhöhungen war weniger eine schutzzöllnerische Absicht mafsgebend, als vielmehr das finanzielle Interesse des Staates nach gesteigerten Einnahmen. Daher sind besonders die Kolonialprodukte mit sehr hohen Finanzzöllen belegt.

Für die kritische Würdigung des neuen Zolltarifs wie die der ganzen Tarifreform sollen hier theoretische Erwägungen nicht maſsgebend sein, vielmehr sollen allein die Wirkungen für die französische Volkswirtschaft den Maſsstab für die endgültige Beurteilung bilden. Diese Wirkungen sind jetzt, nach zehn Jahren, deutlich erkennbar. Zum richtigen Verständnis des reichlich vorhandenen Zahlenmaterials ist es jedoch notwendig, zunächst auf den Gang der Ereignisse, die für die französische Volkswirtschaft von Bedeutung gewesen sind, einzugehen.

Sechstes Kapitel.

Die Regelung der kommerziellen Beziehungen Frankreichs mit dem Auslande. Französisch-schweizerischer Zollkrieg.

Nach der Fertigstellung des neuen Zolltarifs trat an die französische Regierung die Aufgabe heran, die fremden Länder zur Annahme des Minimaltarifs zu bewegen. Die Unterhandlungen wurden unverzüglich angeknüpft und waren fast überall von günstigem Erfolg begleitet. Nur mit drei Staaten ergaben sich Schwierigkeiten, mit Spanien, Portugal und der Schweiz.

Spanien hatte Handelsverträge mit der Schweiz, den Niederlanden, Schweden und Norwegen abgeschlossen, welche mit dem 1. Januar 1894 in Kraft treten sollten, wollte aber die Ermäſsigungen, die durch diese Tarife herbeigeführt wurden, nicht ohne weiteres Frankreich gegen dessen Minimaltarif gewähren, sondern verlangte von Frankreich Ermäſsigungen für verschiedene Artikel, besonders für Wein. Hierauf ging aber die französische Regierung nicht ein, sondern gab Spanien deutlich zu verstehen, daſs sie es eventuell zu einem Zollkriege kommen lassen würde. Spanien gab nach und vom 1. Januar 1894 an gewährte es Frankreich seinen niedrigsten Tarif, während Frankreich seinen Minimaltarif auf die spanischen Provenienzen zur Anwendung brachte.

In den mit Portugal angeknüpften Unterhandlungen erklärte die portugiesische Regierung sich gegen die Zulassung der Meistbegünstigungsklausel. Da auſserdem der neue portugiesische Tarif als zu hoch erschien, hielt es die französische Regierung für geraten, vorläufig Portugal gegenüber den Generaltarif anzuwenden.

Für die italienischen Provenienzen hob das neue französische Zolltarifgesetz die infolge des französisch-italienischen Zollkrieges eingeführten Kampfzölle auf. Beide Länder behandelten sich nach ihren Generaltarifen.

Der französisch-schweizerische Zollkrieg.

Die Regelung der kommerziellen Beziehungen Frankreichs mit der Schweiz stiefs auf gröfsere Schwierigkeiten, als die französische Regierung nach den günstigen Erfahrungen mit den übrigen Ländern zu erwarten berechtigt war. Die Unterhandlungen wurden auf französischer Seite von dem Minister des Auswärtigen, Ribot, und dem Handelsminister, Jules Roche, geführt, während die Schweiz ihren aufserordentlichen Gesandten in Paris, Lardy, und das Mitglied des Nationalrats, Cramer-Frey, zu ihren Vertretern ernannt hatte. Die Schweiz erklärte von vornherein, den französischen Minimaltarif nicht als Äquivalent für ihren Konventionaltarif ansehen zu können, und verlangte für zahlreiche Artikel Zollreduktionen. Eine solche Forderung hatte bei der in Frankreich herrschenden schutzzöllnerischen Strömung sehr wenig Aussicht auf Erfolg, um so weniger, als man das eben vollendete Werk durch zahlreiche Änderungen nicht diskreditieren wollte. Der Handelsminister Jules Roche, der auf jeden Fall einen Bruch der Handelsbeziehungen mit dem für Frankreich so wichtigen Nachbarstaate vermeiden wollte, zeigte sich den Forderungen der Schweiz sehr geneigt. Anfänglich hatte die Schweiz für 80 Artikel Zollermäfsigungen verlangt. Die französische Regierung hatte aber von vornherein hiervon 25 Artikel ausgeschieden. Für die übrigen 55 Artikel waren zum Teil, nämlich bei 7 Positionen, die von der Schweiz gewünschten Zollherabsetzungen in vollem Umfange gewährt worden, und für die anderen Artikel wollte die französische Regierung die Zölle erniedrigen, aber nicht so weit, wie es von schweizerischer Seite verlangt war. Im allgemeinen blieben die von der französischen Regierung in den Unterhandlungen mit der Schweiz festgesetzten Zollsätze immer noch höher als die des Konventionaltarifs vom Jahre 1882. Die Verhandlungen führten schliefslich zu einem erfolgreichen Ergebnis. Am 23. Juli 1892 wurde nach einem Notenwechsel zwischen den Vertretern der beiden Staaten der Entwurf zu einem Handelsübereinkommen unterschrieben. Darnach sollte Frankreich der Schweiz den Minimaltarif, der für 55 Artikel ermäfsigt werden sollte, gewähren, während die Schweiz ihrerseits ihren neuen Konventionaltarif auf französische Provenienzen zur Anwendung bringen, aber denselben auch für 36 Artikel erniedrigen sollte. Neue Schwierigkeiten entstanden wegen der Frage, welche Form dem Übereinkommen gegeben werden sollte. Die Schweiz verlangte, dafs das Übereinkommen den gesetzgebenden Körperschaften der beiden Länder zur Annahme en bloc vorgelegt werden sollte, während die französische Regierung die Zollermäfsigungen in Form eines Spezialgesetzes der Deputiertenkammer einreichen wollte. In Frankreich machte sich sofort nach dem Bekanntwerden des Abkommens mit der Schweiz eine lebhafte Opposition geltend. Von schutzzöllnerischer Seite wurden der Regierung, besonders dem Handelsminister Jules Roche, die heftigsten Vorwürfe gemacht.

Man fand, dafs der Handelsminister sich den Wünschen der Schweiz zu nachgiebig gezeigt habe. Die von der Schweiz gemachten Konzessionen erschienen nicht allzu verlockend, stellten sie doch in Wirklichkeit fast durchweg Erhöhungen des alten schweizerischen Konventionaltarifs dar. An die Möglichkeit eines Bruches der Handelsbeziehungen mit der Schweiz wollten die Schutzzöllner nicht glauben. Sie sahen in dem Abkommen die Verleugnung des von der Kammer zu stande gebrachten Werkes, die Zerstörung des Wirtschaftsregimes, welches die Kammer nach langer und reiflicher Überlegung dem Lande gegeben habe. Aufserdem fanden die zahlreichen Gegner von Handelsverträgen, dafs das Übereinkommen einem wirklichen Handelsvertrage zu sehr ähnlich sähe.

Die französisch-schweizerische Konvention wurde der Kammer zur Genehmigung vorgelegt und der Zollkommission überwiesen. Sowohl in der Kammer als auch in der Zollkommission waren verschiedene Strömungen vorhanden. Ein grofser Teil der Deputierten wollte, dafs die Zollkommission die Begründung der Konvention durch die Regierung anhören und dann die ganze Konvention en bloc verwerfen sollte. Andere wollten ebenfalls der Schweiz in keinem Punkte nachgeben, hielten es aber aus politischen Gründen für besser, wenigstens die von der Schweiz verlangten Zollreduktionen im einzelnen zu prüfen. Endlich waren manche Deputierte der Ansicht, man könne einige unbedeutende Tarifänderungen der Schweiz zugestehen, ohne dem Charakter der eben vollendeten Tarifreform zu nahe zu treten. Die Freihändler standen der Konvention sympathisch gegenüber.

An den von der Regierung der Kammer vorgeschlagenen Tarifänderungen war die Landwirtschaft verhältnismäfsig wenig interessiert; denn es sollten davon nur Kühe, Stiere, Jungvieh, ferner Milch und Käse betroffen werden. Für die Industrie waren die verlangten Modifikationen wichtiger, sie erstreckten sich in der Hauptsache auf die Seidengarne, Seidengewebe, Uhren und auf gewisse spezifisch schweizerische Artikel der Baumwollindustrie..

Wenn auch die Zollkommission vorgeschlagen hatte, in eine Diskussion über die einzelnen Artikel einzutreten, so war die Mehrheit der Kammer doch so wenig geneigt, an der eben vollendeten Tarifreform etwas zu ändern, dafs sie es in der Sitzung vom 24. Dezember 1892 mit 338 gegen 193 Stimmen ablehnte, in eine Diskussion der einzelnen Artikel des Handelsübereinkommens mit der Schweiz einzutreten. Damit war der

Bruch der Handelsbeziehungen zwischen den beiden Staaten unvermeidlich geworden.

Der Chauvinismus hatte auch seinen Teil dazu beigetragen, das Abkommen mit der Schweiz zum Scheitern zu bringen. Der Hinweis, dafs Deutschland auf Grund des von Frankreich so oft verlästerten Artikels XI des Frankfurter Friedens auch von den der Schweiz zukommenden Zollermäfsigungen Nutzen haben könnte, ja, die Behauptung, dafs Deutschland weit mehr als die Schweiz von dem Abkommen profitierte, so dafs man dasselbe eigentlich den „traité allemand“ nennen müfste, war gewifs bei der Abstimmung von Einflufs gewesen.

Auf die wenig höfliche Behandlung, welche das Handelsabkommen in der französischen Kammer gefunden hatte, antwortete die Schweiz mit der Erklärung des Zollkrieges mit Frankreich. Durch Bundesratsbeschlufs vom 27. Dezember 1892 wurde bestimmt, dafs vom 1. Januar 1893 an die aus Frankreich und den französischen Kolonien herstammenden Waren bei der Einfuhr in die Schweiz dem schweizerischen Generalzolltarif vom 10. April 1891 sowie den vom Bundesrat festgesetzten besonderen Erhöhungen unterworfen sein sollten. Die Schweiz begnügte sich also nicht damit, die französischen Waren nach dem Generaltarif zu behandeln, sondern führte, da dieser nur dazu bestimmt sei, den Handelsvertragsverhandlungen zur Grundlage zu dienen und durchaus nicht als Äquivalent für den französischen Generaltarif mit seinem prohibitiven Charakter anzusehen sei, besondere Kampfzölle ein. Diese stellten gegen den bisherigen Zustand Erhöhungen um ungefähr 190 Prozent dar. Die durch die einfache Substitution des Generaltarifs für den Minimaltarif in Frankreich erfolgte Mehrbelastung der schweizerischen Provenienzen betrug dagegen nur 41 Prozent. Man kann annehmen, dafs Frankreich dadurch, dafs es dem hohen schweizerischen Differentialtarif nicht einen entsprechenden Kriegstarif entgegensetzte, einen schweren Fehler gemacht hat, der wesentlich dazu beigetragen haben dürfte, dafs Frankreich in diesem Zollkrieg unterlegen ist.

Die Wirkungen des französisch-schweizerischen Zollkrieges.

Über den Handelsverkehr zwischen Frankreich und der Schweiz liefert die amtliche französische Statistik folgende Zahlen:

Die Einfuhr Frankreichs aus der Schweiz betrug in Millionen Francs:

1888	97,2	1893	74,9
1889	101,5	1894	66,6
1890	104,2	1895	67,3
1891	103,4	1896	75,4
1892	91,9	1897	78,6
Fünfjährig. Durchschnitt	99,6	Fünfjährig. Durchschnitt	72,5

Die Ausfuhr Frankreichs nach der Schweiz zeigte folgende Bewegung:

1888	209,1	1893	172,8
1889	230,5	1894	129,9
1890	242,8	1895	163,2
1891	234,8	1896	179,9
1892	227,9	1897	190,6
Fünfjährig. Durchschnitt	229,0	Fünfjährig. Durchschnitt	167,2

Diese Zahlen des Spezialhandels der beiden Länder zeigen schon deutlich, wie einschneidend der Bruch der kommerziellen Beziehungen auf den Güteraustausch gewirkt hat. Für die wichtigsten Artikel der Ausfuhr und der Einfuhr Frankreichs mit der Schweiz gestaltete sich der Verkehr folgendermaſsen:

1. Seiden. 2. Seidengewebe.

Jahr	Francs	Jahr	Francs
1888	58 483 985	1888	10 622 221
1889	65 046 848	1889	10 847 130
1890	54 689 705	1890	10 854 435
1891	48 951 481	1891	11 476 210
1892	56 664 839	1892	10 311 965
1893	54 269 810	1893	8 335 129
1894	39 983 520	1894	8 506 810
1895	54 003 442	1895	8 630 556
1896	44 127 892	1896	8 148 804
1897	46 323 079	1897	5 949 581

Während die Ausfuhr von Seiden nach der Schweiz nur im Jahre 1893 eine starke Abnahme aufweist und sich in den nachfolgenden Jahren wieder günstiger gestaltet, zeigt die Ausfuhr der französischen Seidengewebe seit dem Bruch der kommerziellen Beziehungen eine stetige Verminderung. Die Wollausfuhr Frankreichs nach der Schweiz ist durch den Zollkrieg nicht merklich beeinfluſst worden, wie die nachstehenden Zahlen beweisen:

3. Wollen:

Jahr	Francs	Jahr	Francs
1888	3 265 363	1890	3 821 519
1889	3 564 323	1891	2 529 170

Jahr	Francs	Jahr	Francs
1892	2 674 444	1895	2 307 186
1893	3 829 457	1896	3 217 270
1894	3 205 700	1897	3 429 078

Für die wichtigsten übrigen Artikel der französischen Ausfuhr nach der Schweiz zeigen sich die unmittelbaren Wirkungen des Zollkrieges deutlich. Man vergleiche hierfür folgende Zahlen:

4. Kleidungsstücke und Weifswaren.		5. Vieh.	
Jahr	Francs	Jahr	Francs
1888	3 902 485	1888	8 226 910
1889	6 532 518	1889	10 116 014
1890	8 416 202	1890	9 629 801
1891	16 180 321	1891	9 414 235
1892	7 801 267	1892	13 750 398
1893	6 321 772	1893	8 802 522
1894	2 460 999	1894	2 019 295
1895	3 204 070	1895	3 988 655
1896	2 790 115	1896	4 354 406
1897	3 002 059	1897	6 883 858

Für die französische Weinausfuhr nach der Schweiz war der Zollkrieg besonders nachteilig. Die Schweiz hatte mit der Einführung der nahezu prohibitiven Weinzölle ihres Differentialtarifes Frankreich empfindlich betroffen.

Die Weinzölle betrugen nach dem alten schweizerischen Tarif und dem Kampftarif:

	Alter Tarif	Differentialtarif für französische Produkte
Naturwein in Fässern . .	3,50 Frcs. pro 100 kg	25 Frcs. pro 100 kg
Kunstwein „ „ . .	3,50 Frcs. pro 100 kg	50 „ „ „ „
Naturwein „ Flaschen .	3,50 Frcs. pro 100 kg	40 „ „ „ „
Kunstwein „ „ . .	3,50 Frcs. pro 100 kg	80 „ „ „ „
Schaumwein	3,50 Frcs. pro 100 kg	80 „ „ „ „
Alkohol	0,20 Frcs. pro Grad	0,80 „ „ Grad

Bei solchen Zöllen betrug die französische Weinausfuhr nach der Schweiz vor und nach dem Bruch der kommerziellen Beziehurgen beider Länder:

6. Wein.

Jahr	Francs	Jahr	Francs
1888	12 849 281	1890	18 042 210
1889	12 277 025	1891	19 332 795

Jahr	Francs	Jahr	Francs
1892	15 604 710	1895	5 091 190
1893	3 051 050	1896	8 360 060
1894	1 440 705	1897	8 422 995

Der Vollständigkeit halber mögen aufser diesen noch folgende Zahlenangaben hier Platz finden:

7. Werkzeuge.		8. Zucker.	
Jahr	Francs	Jahr	Francs
1888	4 745 303	1888	6 423 395
1889	5 331 845	1889	7 218 198
1890	6 127 196	1890	9 221 090
1891	5 779 480	1891	9 224 005
1892	5 857 720	1892	8 618 652
1893	4 553 752	1893	2 435 514
1894	3 152 479	1894	528 289
1895	3 690 136	1895	1 183 021
1896	4 153 461	1896	3 706 546
1897	4 140 064	1897	4 601 236

Die vorstehenden Angaben über die wichtigsten Ausfuhrartikel Frankreichs nach der Schweiz genügen, um die verderblichen Wirkungen des Zollkrieges für Frankreich erkennen zu lassen. Für die Wirkungen des Zollkrieges auf die Einfuhr Frankreichs und der Schweiz mögen ebenfalls die 8 wichtigsten Einfuhrartikel als Beispiele dienen. Die Einfuhr Frankreichs aus der Schweiz betrug im Spezialhandel für:

1. Seidengewebe und Bänder.

Jahr	Wert in Francs	Jahr	Wert in Francs
1888	20 095 673	1893	10 383 690
1889	21 891 665	1894	10 033 610
1890	24 233 900	1895	11 740 465
1891	26 031 434	1896	14 575 295
1892	18 423 309	1897	16 705 538

Nicht minder wirksam als für die Einfuhr von Seidengeweben zeigten sich die Zölle des französichen Generaltarifes für Baumwollgewebe:

2. Baumwollengewebe und Bänder.

Jahr	Wert in Francs	Jahr	Wert in Francs
1888	6 944 355	1893	4 053 992
1889	7 230 781	1894	3 824 956
1890	7 254 086	1895	3 810 958
1891	7 220 576	1896	4 630 453
1892	6 885 950	1897	3 956 782

3. Seiden.

Jahr	Wert in Francs	Jahr	Wert in Francs
1888	8 490 032	1893	2 058 894
1889	11 212 113	1894	5 905 240 [1]
1890	11 382 563	1895	2 421 560
1891	8 779 926	1896	1 853 980
1892	2 670 485	1897	2 093 696

Für die Erzeugnisse der Seidenindustrie ist die Wiedereinfuhr aus der Schweiz am stärksten. Dagegen wurde die Einfuhr von schweizerischem Käse durch den Zollkrieg nicht wesentlich geändert.

4. Käse.

Jahr	Wert in Francs	Jahr	Wert in Francs
1888	10 158 171	1893	9 047 446
1889	10 426 892	1894	7 214 065
1890	9 680 358	1895	8 796 285
1891	8 294 823	1896	10 512 908
1892	8 690 245	1897	11 238 671

Bei den Artikeln der Uhrenindustrie zeigt sich sogar eine Zunahme der Einfuhr aus der Schweiz:

5. Artikel der Uhrenindustrie.

Jahr	Wert in Francs	Jahr	Wert in Francs
1888	4 259 136	1893	5 235 909
1889	4 428 615	1894	5 009 531
1890	3 749 653	1895	5 411 436
1891	4 251 693	1896	6 465 873
1892	4 544 183	1897	7 223 780

Wirksamer dagegen war der französische Generaltarif für die Garne:

6. Garne aller Art.

Jahr	Wert in Francs	Jahr	Wert in Francs
1888	5 488 845	1893	4 706 338
1889	5 413 197	1894	3 286 919
1890	5 426 262	1895	3 389 063
1891	4 601 013	1896	3 568 765
1892	7 894 874	1897	2 794 891

Für zwei weitere Artikel, Maschinen und Bijouteriewaren, erwies sich der Zollkrieg als nahezu wirkungslos.

---

[1] Hiervon ist etwa 1/3 aufsereuropäischen Ursprungs und nur über die Schweiz in Frankreich eingeführt.

7. Maschinen.

Jahr	Wert in Francs	Jahr	Wert in Francs
1888	2 038 126	1893	3 404 923
1889	3 146 075	1894	3 111 888
1890	4 015 799	1895	2 592 196
1891	3 129 525	1896	3 760 027
1892	4 009 020	1897	4 180 117

8. Bijouteriewaren.

Jahr	Wert in Francs	Jahr	Wert in Francs
1888	2 214 449	1893	3 713 987
1889	2 748 501	1894	3 993 356
1890	3 932 497	1895	3 944 588
1891	4 071 392	1896	4 495 592
1892	4 050 523	1897	4 664 340

Aus obigen Zahlenangaben geht hervor, daſs Frankreich mehr unter den Wirkungen des Zollkrieges zu leiden gehabt hat als die Schweiz. Es ist Frankreich auch nicht gelungen, die schweizerische Einfuhr, selbst nicht bei den wichtigsten Artikeln, in der notwendigen Weise zu beschränken. Der ganze Verlauf des Zollkrieges läſst erkennen, daſs das handelspolitische Rüstzeug der beiden Länder verschieden stark war; Frankreich hatte dem schweizerischen Kampftarif nur seinen Generaltarif gegenüber gesetzt.

Als dauernde Folge des Zollkrieges kann die geringere Beteiligung der französischen Ausfuhr auf dem schweizerischen Markte angesehen werden. Die schweizerische Statistik weist folgenden Anteil der wichtigsten Länder am Spezialhandel der Schweiz auf.

Spezialhandel ohne Edelmetalle der Schweiz aus den wichtigsten Ländern.

In 1000 Francs.

Jahre	Deutschland	Frankreich	Italien	Österreich-Ungarn	Groſsbritannien
1890	295 140	226 341	129 015	102 320	52 374
1891	292 464	214 315	136 007	86 250	46 356
1892	227 409	179 436	139 890	67 634	41 751
1893	237 780	111 539	146 966	76 237	44 420
1894	242 855	110 252	143 824	80 256	43 140
1895	273 891	138 459	157 559	67 816	47 372
1896	304 971	177 612	137 298	71 413	51 707
1897	306 371	192 416	149 841	66 848	54 044
1898	314 612	203 932	155 812	66 219	50 959
1899	345 305	214 207	191 344	76 601	56 431
1900	350 357	207 354	162 009	69 142	62 306

Während Frankreich im Jahre 1900 oder im Jahre 1899 dieselben Ziffern aufzuweisen hat wie vor der Trübung der kommerziellen Beziehungen mit der Schweiz, haben die anderen Länder, mit Ausnahme von Österreich-Ungarn, in der Schweiz einen immer gröfseren Absatzmarkt gefunden. Am stetigsten zeigt sich der Fortschritt in der Einfuhr aus Deutschland.

Die schweren Schädigungen, welche besonders der Industrie und dem Handel in Frankreich aus dem Zollkriege mit der Schweiz erwuchsen, liefsen bald das Verlangen nach der Wiederherstellung des normalen Zustandes, zunächst in den am härtesten betroffenen Interessentenkreisen, laut werden. Als Ausdruck dieses Verlangens ist die im Mai 1894 zu Paris erfolgte Gründung der „Union pour la reprise des relations commerciales avec la Suisse“ anzusehen. Diese Vereinigung hat sich unter dem Vorsitze des Senators Poirier durch den Beitritt einer Reihe von Handelskammern, Handels- und Industrievereinen, sowie von Repräsentanten der Presse und von hervorragenden politischen Persönlichkeiten zu einem grofsen weitverzweigten Verbande gestaltet und durch rührige Agitation wesentlich dazu beigetragen, eine versöhnliche Stimmung im Lande zu verbreiten. Bei Gelegenheit der Septemberfeste in Mâcon veranstaltete dieser Verband eine Massendemonstration, zu der auch auf privatem Wege einige schweizerische Notabilitäten geladen worden waren. Die in Mâcon von den französischen und schweizerischen Vertretern gehaltenen Reden haben unverkennbar manche Vorurteile und Verstimmungen beseitigt. Sie gipfelten in der Forderung, baldmöglichst die guten nachbarlichen Beziehungen wieder hergestellt zu sehen. Die französische Regierung leitete auch dann bald darauf die Friedensverhandlungen ein. Frankreich entschlofs sich, den ersten offiziellen Schritt zur Anbahnung einer kommerziellen Verständigung mit der Schweiz zu tun und liefs im November 1894 durch den französischen Botschafter in Bern dem schweizerischen Bundesrate die Mitteilung machen, dafs die französische Regierung geneigt sei, mit dem Bundesrate die Basis für eine kommerzielle Verständigung zwischen der Schweiz und Frankreich zu suchen. Der Bundesrat erklärte sich zu den Unterhandlungen bereit, die dann schon im Dezember desselben Jahres begannen, aber nicht eben schnell zum Ziele führten. Zunächst waren es die inneren politischen Ereignisse, die in Frankreich im Januar 1895 eintraten, welche eine Verzögerung der Verhandlungen verursachten. Nach kurzer Präsidentschaft trat der Präsident Casimir Perrier am 16. Januar 1895 von seinem Amte zurück, nachdem am Tage vorher das Kabinett Dupuy von der Kammer gestürzt worden war. Der bisherige Minister des Auswärtigen, Hanotaux, übernahm auch in dem neuen Kabinett Ribot das Portefeuille des Auswärtigen und führte die Verhandlungen mit der Schweiz fort. In den Unterhandlungen waren grofse Schwierigkeiten zu überwinden.

Die Schweiz wollte auch jetzt nicht dem Beispiele der übrigen Länder folgen und den französischen Minimaltarif in seiner unveränderten Form annehmen, und die französische Regierung wollte ihrerseits nichts bewilligen, wodurch der schutzzöllnerische Charakter der Tarifreform vom Jahre 1892 beseitigt würde. Daher verhielt sie sich auch gegenüber dem zu Beginn der Verhandlungen von der Schweiz gemachten Versuch, die schon im Jahre 1892 geforderten Zollermäfsigungen des Minimaltarifs für 62 Artikel durchzusetzen, ablehnend. Es bedurfte der gröfsten Anstrengungen Hanotaux, um mit weniger bedeutenden Zugeständnissen noch eine Einigung zu erzielen. Vor allem gelang es den französischen Vertretern, die Schweiz zu bewegen, von den geforderten Zollermäfsigungen für wichtige landwirtschaftliche Artikel, nämlich für Kühe, Stiere, Jungvieh und Milch abzustehen. Schliefslich wurde eine Einigung erzielt, indem Frankreich versprach, vorbehaltlich der Genehmigung der parlamentarischen Körperschaften, die Zölle seines Minimaltarifes für 29 Artikel herabzusetzen. Die Schweiz wollte Frankreich dann ihren Gebrauchstarif gewähren, sie verstand sich aber nicht mehr zu den Zollermäfsigungen, die sie im Jahre 1892 Frankreich angeboten hatte.

Das Übereinkommen war für Frankreich weit günstiger als für die Schweiz. Von den 29 Artikeln, für welche der französische Minimaltarif ermäfsigt werden sollte, waren die Zollherabsetzungen für 20 derselben schon im Jahre 1892 von der Zollkommission empfohlen worden, so dafs nur für 9 Artikel neue Konzessionen gemacht wurden. Aufserdem war für Frankreich der Umstand günstig, dass die Artikel, für welche Zollermäfsigungen der Schweiz gewährt werden sollten, hauptsächlich solche waren, an denen die übrigen Nationen nicht interessiert waren. Die projektierten Konzessionen würden also hauptsächlich der schweizerischen Einfuhr zu gute kommen.

Der Gesetzentwurf über die vereinbarten Zollermäfsigungen, den die französische Regierung am 26. Juni 1895 der Deputiertenkammer vorlegte, fand im allgemeinen eine gute Aufnahme. Allerdings erfolgten einige Proteste aus Interessentenkreisen, die sich an den Schutz des Generaltarifes schon gewöhnt hatten, aber die grofse Mehrheit in der Zollkommission und in der Kammer war des Kampfes müde. Méline, als Berichterstatter der Zollkommission, empfahl die Änderungen des Minimaltarifs, aber ohne Enthusiasmus. Der Gesetzentwurf wurde in einer Sitzung der Deputiertenkammer erledigt und am 8. Juli 1895 mit 513 gegen 11 Stimmen angenommen. Im Senat erfolgte die Annahme am 11. Juli mit 245 gegen 1 Stimme.

Das Übereinkommen traf besonders die Seiden- und die Stickereiindustrie. Für die Seidengewebe wurden die Zölle des Minimaltarifs um fast 50 Prozent, für schweizerische Baumwollstickereien um 30 Prozent erniedrigt. Die wichtigsten übrigen Zollermäfsigungen bezogen sich auf kondensierte Milch, für die der Zoll um 8 Prozent herabgesetzt wurde, Käse, sogenannte Gruyère (20 Prozent Zollermäfsigung), geschnittene Hölzer (50 Prozent).

In der Schweiz machte sich gegen das mit Frankreich geplante Handelsübereinkommen eine ziemlich starke Opposition geltend, im Nationalrat stimmten 109 Abgeordnete für und allerdings nur 18 gegen dasselbe, aber im Ständerat, in welchem jeder Kanton zwei Abgeordnete als Vertreter hat, war das Stimmenverhältnis 26 zu 10.

Das Übereinkommen zwischen Frankreich und der Schweiz ist sine die abgeschlossen, beide Teile können also jederzeit die vereinbarten Bestimmungen einseitig aufheben. Es stellt lediglich einen „modus vivendi" dar.

Nach Beendigung des Zollkrieges mit der Schweiz hatte die ganze zivilisierte Welt, mit Ausnahme von Italien, den französischen Minimaltarif angenommen. Das System des Doppeltarifs hat also nicht, wie ihm früher vielfach vorgeworfen wurde, eine Regelung der kommerziellen Beziehungen Frankreichs mit dem Auslande unmöglich gemacht oder auch nur nennenswert erschwert. Der Zollkrieg mit der Schweiz wurde nicht durch das System des Doppeltarifs verursacht, er wäre auch bei einem Handelsvertragssystem unvermeidlich gewesen. Es ist freilich eine andere Frage, ob die Einrichtung des Doppeltarifs für andere Staaten, besonders solche mit monarchischer Verfassung, empfehlenswert ist. Man wird diese Frage wohl in verneinendem Sinne beantworten können; da in monarchisch regierten Staaten den parlamentarischen Körperschaften von einer starken Regierung am besten kein zu grofser Einflufs auf die Tarifbildung zugestanden wird. Ein Minimaltarif wird als das Ergebnis parlamentarischer Kämpfe in Zeiten mit vorherrschenden schutzzöllnerischen Tendenzen immer relativ hohe Zölle aufweisen. Dafür bietet das Beispiel Frankreichs einen deutlichen Beweis. Es sei daran erinnert, wie sehr die Sätze des Regierungsentwurfs zunächst von der Zollkommission und dann noch von den parlamentarischen Körperschaften erhöht worden sind.

Das Verhältnis Frankreichs zum Auslande gelangt in den nachstehenden Zusammenstellungen zur Darstellung.

Regelung der kommerziellen Beziehungen Frankreichs mit dem Auslande.

1. Europäische Länder, auf deren Produkte der französische Minimaltarif Anwendung findet.

		Datum der Unterzeichnung	Datum der Ratifikation	Ablauf.
Deutschland	Vertrag von Frankfurt vom 10. 5. 1871, Art. XI	—	—	—
Österreich-Ungarn	Handelsübereinkommen. Schiffahrtsvertrag	18. 2. 1884 9. 4. 1884	1. 3. 1884 18. 11. 1885	6 Monate nach Kündigung 1 Jahr „ „
Dänemark	Handels- und Schiffahrtsvertrag	17. 8. 1742	4. 4. 1842	Ohne Festsetzung der Dauer
	Zusatz	9. 2. 1842		
Spanien	Arrangement commercial	30. 7. 1893 27. 7. 1894	—	3 Monate nach Kündigung
Großbritannien	Handels- und Schiffahrtsübereinkommen	28. 2. 1882	12. 5. 1882	1 Jahr „ „
Bulgarien	„ „ „	4. 6. 1897	5. 1. 1898	1 „ „ „
Montenegro	„ „ „	30. 6. 1892	1. 1. 1893	1 „ „ „
Rumänien	Handelsübereinkommen	28. 2. 1893	—	1 „ „ „
Rußland	Handels- und Schiffahrtsvertrag	1. 4. 1874	4. 6. 1874	1 „ „ „
	Zusatz	17. 6. 1893	1. 7. 1893	
Serbien	Arrangement commercial	5. 7. 1893	25. 7. 1893	1 „ „ „
Schweiz	Übereinkommen, betr. die nachbarlichen Beziehungen	23. 2. 1882	12. 5. 1882	1 „ „ „
	Zusatzartikel	25. 6. 1895	16. 8. 1895	
Türkei	Friedensvertrag	25. 6. 1802	—	—
	Handelsübereinkommen	25. 11. 1838	21. 3. 1839	Ohne Begrenzung der Dauer
Schweden u. Norwegen	Handels- und Schiffahrtsübereinkommen	13. 1. 1892	29. 1. 1892	1 Jahr nach Kündigung
Belgien	Verordnung vom 30. 1. 1892.			
Griechenland	„ „ 30. 1. 1892.			
Niederlande	„ „ 30. 1. 1892.			
Italien	Übereinkommen vom 21. 11. 1898.			

2. Aufsereuropäische Länder, welche Anspruch auf den französischen Minimaltarif haben.

		Datum der Unterzeichnung	Datum der Ratifikation	Ablauf
Bolivia	Handels- und Schiffahrtsübereinkommen	15. 9. 1892	30. 11. 1894	2 Jahre nach Kündigung
Kanada	Arangement commercial[1]	6. 2. 1893	4. 10. 1895	1 Jahr „ „
Kolumbien	Handels- und Schiffahrtsübereinkommen	30. 5. 1892	5. 10. 1893	1 „ „
Japan	„ „ „	4. 8. 1896	19. 3. 1898	(Vom 4. 8. 1999 an)
Mexiko	„ „ Schiffahrtsvertrag	27. 11. 1896	17. 4. 1888	1 Jahr nach Kündigung
Paraguay	„ „ Schiffahrtsübereinkommen	21. 7. 1892	29. 6. 1893	1 „ „ „
Persien	Freundschafts- und Handelsvertrag	12. 7. 1855	14. 7. 1855	Ewiger Vertrag
Argentinische Republik	Handels- und Schiffahrtsübereinkommen	19. 8. 1892	31. 5. 1893	1 Jahr nach Kündigung
Dominikanische Republik	„ „ Schiffahrtsvertrag	9. 9. 1882	21. 6. 1887	1 „ „ „
Südafrikanische Republik	Handelsvertrag	10. 7. 1885	27. 7. 1887	1 „ „ „
Russisch-Asien	(Cf. Rufsland)			

3. Frühere mit anderen Ländern geschlossene Verträge.

	Datum der Verträge		Datum der Verträge	Durch Gesetz oder Verordnungen würde der Minimaltarif folgenden Ländern gewährt	
Brasilien	8. 1. u. 7. 6. 1826	Japan	9. 10. 1858	Canarische Inseln	Verordn. v. 30. 12. 1893
Chile	15. 9. 1846		25. 6. 1866	Ägypten	„ „ 30. 1. 1892
	30. 6. 1852	Republik Liberia	17. u. 20. 4. 1852	Vereinigte Staaten[1]	Gesetz „ 2. 7. 1893
China	27. 6. 1858	Peru	9. 3. 1861	„ „	Verordn. „ 7. 7. 1893
	25. 10. 1860	Sandwich od. Hawai	29. 10. 1867	Marokko	Gesetz „ 6. 2. 1897
Korea	4. 6. 1886	Siam	15. 8. 1856	Spanische Besitzungen der marokkonischen Küste	Verordn. „ 30. 12. 1893
Ecuador	6. 6. 1843	Venezuela	25. 3. 1843		
Guatemala	8. 3. 1838		24. 10. 1856	Tripolis	„ „ 30. 1. 1892
Haiti	12. 2. 1838	Zanzibar	17. 11. 1844	Türkische Besitzungen in Asien	„ „ 30. 1. 1892
Honduras	22. 2. 1856				

[1] Minimaltarif nur für einige Artikel.

Die Wiederherstellung guter kommerzieller Beziehungen zwischen Frankreich und Italien.

Nach der Beilegung des handelspolitischen Kampfes zwischen Frankreich und Italien [1] behandelten beide Länder sich nach ihren Generaltarifen. Das war ja gegen den Zollkrieg eine bedeutende Verbesserung, aber normale kommerzielle Beziehungen zwischen den beiden Ländern waren dadurch noch nicht wieder hergestellt. Eine Annäherung dieser Staaten erfolgte aber nicht so schnell, wie es im beiderseitigen Interesse wünschenswert war. Erst nachdem die italienische Regierung unter dem Marquis de Rudini durch ihr Entgegenkommen in der tunesischen Frage und durch die Unterzeichnung der Tunis betreffenden Verträge (am 28. September 1896) den guten Willen Italiens zum Ausdruck gebracht hatte, gestaltete sich das Verhältnis der beiden Länder besser. Als erste Folge der versöhnlicheren Stimmung ist das Schiffahrtsübereinkommen zwischen Frankreich und Italien vom 1. Oktober 1896 anzusehen, demzufolge die beiden Länder ihren Handelsmarinen, mit Ausnahme der Küstenschiffahrt, die Behandlung der meistbegünstigten Nationen gewähren. Nachdem so für die Schiffahrt die guten Beziehungen wieder hergestellt waren, dachte man auch an eine Regelung der beiderseitigen Handelsbeziehungen. Italien ergriff die Initiative und machte am 6. Mai 1897 der französischen Regierung den Vorschlag, ihre beiderseitigen Produkte unter das Regime der gegenseitigen Behandlung als meistbegünstigte Nation zu stellen. Frankreich sollte demnach seinen Minimaltarif auf italienische Waren anwenden, während die französischen Produkte nach dem italienischen Konventionaltarif behandelt werden sollten. Die französische Regierung aber sah den italienischen Konventionaltarif nicht als eine genügende Gegenleistung für die Gewährung des Minimaltarifs an und forderte eine Reihe Zollermäfsigungen auf verschiedene, für die französische Ausfuhr nach Italien wichtige Produkte. Aufserdem erklärte die französische Regierung von vornherein, dafs Seiden und Seidenwaren ganz aufserhalb des Übereinkommens bleiben müfsten. Endlich bestand man in Frankreich noch darauf, dafs der Abschlufs eines Übereinkommens, demzufolge die italienischen Weine zu den Sätzen des Minimaltarifs in Frankreich eingeführt werden könnten, mit einer Erhöhung der französischen Einfuhrzölle für ausländische Weine verbunden sein müfste.

Die italienische Regierung war bereit, auf dieser Grundlage die Verhandlungen mit Frankreich fortzusetzen. Beide Staaten ernannten ihre Vertreter, die nach langen Unterhandlungen am 21. November 1898 zu einer Einigung gelangten.

[1] Vgl. Kap. III S. 16 ff.

Italien war bereit, Frankreich auf 115 Artikel des italienischen Konventonaltarifes Zollermäſsigungen zu gewähren.

Die französische Deputiertenkammer nahm in der Sitzung vom 22. Dezember 1898 den Gesetzentwurf betreffend Anwendung des Minimaltarifs auf italienische Erzeugnisse mit 451 gegen 45 Stimmen an; der Senat nahm dasselbe am 31. Januar 1893 mit 243 gegen 2 Stimmen ebenfalls an.

In Italien wurde das Übereinkommen auch mit groſser Mehrheit angenommen.

Die Wiederherstellung der normalen Handelsbeziehungen zwischen Frankreich und Italien hat nicht nur zu der wirtschaftlichen, sondern auch zu der politischen Annäherung der beiden Länder geführt.

Hiermit war der letzte Widerstand gegen die Annahme des französischen Minimaltarifs beseitigt.

Siebentes Kapitel.

Die Wirkungen der Tarifreform vom Jahre 1892 auf die Entwickelung des auswärtigen Handels Frankreichs.

Für die Frage der Beurteilung des neuen schutzzöllnerischen Regimes in Frankreich ist es vor allem notwendig, die Entwicklung des französischen Aufsenhandels zu untersuchen. Um ein möglichst richtiges Urteil zu gewinnen, sollen die seit dem Inkrafttreten des neuen Tarifs verflossenen neun Jahre mit den neun der Tarifreform vorangegangenen Jahren verglichen werden. Ein solcher Vergleich erscheint billig, um so mehr, da sich in beiden Perioden ein Ausstellungsjahr befindet. Der auswärtige Handel Frankreichs vom Jahre 1883 bis 1901 betrug in Millionen Frcs.:

A. Einfuhr (Spezialhandel).

Jahre	Rohstoffe	Fabrikate	Nahrungsmittel	Gesamteinfuhr
1883	2 398	768	1 638	4 804
1884	2 202	697	1 438	4 343
1885	2 023	610	1 455	4 088
1886	2 082	585	1 541	4 208
1887	2 014	589	1 423	4 026
1888	2 021	579	1 507	4 107
1889	2 262	613	1 441	4 316
1890	2 342	650	1 445	4 437
1891	2 419	696	1 652	4 767
Durchschnitt der 9 Jahre	**2 197**	**645**	**1 504**	**4 344**

Jahre	Rohstoffe	Fabrikate	Nahrungs-mittel	Gesamt-einfuhr
1892	**2 173**	**615**	**1 400**	**4 188**
1893	2 299	564	1 061	3 854
1894	2 104	548	1 198	3 850
1895	2 101	583	1 035	3 719
1896	2 174	618	1 007	3 799
1897	2 319	608	1 029	3 956
1898	2 348	618	1 505	4 471
1899	2 840	727	951	4 518
1900	3 035	844	819	4 698
1901	3 124	789	802	4 715
Durchschnitt der 9 Jahre	2 478	655	1 045	4 175

B. Ausfuhr.

Jahre	Rohstoffe	Fabrikate	Nahrungs-mittel	Gesamt-ausfuhr
1883	752	1 851	849	3 452
1884	759	1 690	783	3 232
1885	707	1 631	750	3 088
1886	773	1 745	731	3 249
1887	805	1 738	703	3 246
1888	813	1 707	727	3 247
1889	941	1 926	837	3 704
1890	899	1 999	855	3 753
1891	835	1 926	809	3 570
Durchschnitt der 9 Jahre	**787**	**1 801**	**782**	**3 393**
1892	**823**	**1 879**	**759**	**3 461**
1893	784	1 742	711	3 237
1894	755	1 657	666	3 078
1895	874	1 909	591	3 374
1896	836	1 913	652	3 401
1897	944	1 933	721	3 598
1898	932	1 916	663	3 511
1899	1 210	2 267	675	4 152
1900	1 085	2 255	769	4 109
1901	1 091	2 297	778	4 166
Durchschnitt der 9 Jahre	945	1 988	692	3 623

Diese beiden Tabellen gestatten einen Schlufs auf die Wirkungen der neuesten französischen Schutzzollpolitik, sie beweisen, dafs der Zolltarif vom Jahre 1892 hinsichtlich der Einfuhr in Frankreich augenscheinlich seinen Zweck, eine allzuscharfe Konkurrenz vom heimischen Markte fern zu halten, erfüllt hat. Die geringere Gesamteinfuhr nach dem Inkrafttreten des neuen Zolltarifs ist hauptsächlich durch die stark verminderte Einfuhr an Nahrungsmitteln herbeigeführt. Dagegen hat sich die Einfuhr der für die Industrien notwendigen Rohstoffe unter der Herrschaft des neuen Zollrégimes nicht unbedeutend gehoben, eine Erscheinung, die auf eine gute Entwicklung der französischen Industrie schliefsen läfst.

Für die französische Ausfuhr zeigt die zweite Tabelle ein langsames Wachsen an. Die Ausfuhr von Fabrikaten ist in dem Durchschnitt der letzten neun Jahre gröfser als in dem Durchschnitt der der Tarifreform vorangegangenen neun Jahre, 1988 Millionen gegen 1801 Millionen Frcs.

Die Entwicklung der französischen Ausfuhr scheint seit dem Jahre 1899 eine bessere werden zu wollen.

(Siehe die Tabellen auf S. 64 u. 65.)

Ist es hiernach zweifellos, dafs Frankreichs Aufsenhandel in der neuesten Zeit nicht denselben Aufschwung aufzuweisen hat, wie besonders derjenige Deutschlands, während Englands Aufsenhandel nur wenig gestiegen ist, so erhält man doch anderseits ein etwas günstigeres Bild, wenn man von Vergleichen mit anderen Ländern absieht und allein den französischen Aufsenhandel zur Untersuchung heranzieht. Es wird nachstehend gezeigt, dafs der in der neueren Zeit besonders stark eingetretene Preissturz die Zahlen der Handelsstatistik sehr stark beeinflufst hat. Natürlich weisen die übrigen Länder ebenfalls dieses Sinken der Warenpreise auf, und insofern vermögen die folgenden Zahlen an der geringeren Entwicklung des französischen Handels nichts zu ändern.

Den Einflufs zu bestimmen, den das Sinken der Warenpreise auf die Handelsstatistik ausgeübt hat, hat die französische Generalzollverwaltung in dankenswerter Weise unternommen. Sie veröffentlichte in dem Jahre 1898 unter dem Titel: „Tableau décennal du commerce de la France. 1887 à 1896“ eine interessante Bearbeitung der Handelsstatistik der zehnjährigen Periode 1887 bis 1896. Die Methode, welche bei der Darstellung der statistischen Angaben zur Anwendung gelangt ist, weicht ab von der sonst allgemein üblichen. Bisher war die französische Statistik so verfahren: die Zollbeamten stellten die Qualität der ihnen bei der Ein- und Ausfuhr vorgelegten Waren fest und lieferten die von ihnen konstatierten statistischen Materialien an die Zentralverwaltung, welche dann den Wert der ein- und ausgeführten Waren berechnete. Bei dieser Berechnung dienten der Zentralverwaltung als Grundlage die von der commission permanente des valeurs de douane, die ihren Sitz im Handelsministerium hat, und für jede Warengruppe eine besondere, aus Sachverständigen bestehende Sektion aufweist, festgestellten Warenwerte. Die Feststellung

Einfuhr der wichtigsten Länder 1891—1900.

Wert in Millionen Francs.

	1891	1892	1893	1894	1895	1896	1897	1898	1899	1900
England, Generalhandel	10 980,8	10 688,2	10 206,5	10 297,3	10 509,2	11 142,2	11 374,2	11 886,0	12 231,7	13 192,6
Deutschland, Spezialhandel	5 126,2	4 962,8	4 892,7	4 863,7	5 089,1	5 319,8	5 780,7	6 274,5	6 771,6	6 863,0
Frankreich, Spezialhandel	4 767,8	4 188,0	3 853,7	3 850,4	3 719,9	3 798,6	3 956,0	4 472,6	4 518,3	4 697,8
Niederlande, Spezialhandel	2 824,8	2 675,0	2 934,3	3 042,8	3 007,4	3 405,5	3 553,8	3 740,4	3 992,1	4 098,9
Belgien, Spezialhandel	1 799,8	1 536,5	1 575,1	1 574,6	1 680,4	1 776,7	1 818,0	2 044,7	2 260,2	2 215,8
Rufsland, Spezialhandel	1 517,2	1 615,6	1 854,0	2 238,4	2 154,0	2 359,2	2 240,0	2 470,0	2 602,0	—
Österreich-Ungarn, Spezialhandel	1 515,8	1 537,8	1 656,6	1 729,0	1 784,6	1 743,3	1 865,6	2 024,9	1 986,9	2 079,1
Italien, Spezialhandel	1 126,6	1 173,4	1 191,2	1 094,6	1 187,3	1 180,2	1 191,6	1 413,3	1 506,6	1 699,2
Spanien, Generalhandel	1 018,8	850,5	770,7	804,8	838,5	909,6	909,5	723,4	1 045,4	862,4
Schweiz, Spezialhandel	932,2	869,1	827,5	825,9	915,9	993,9	1 027,2	1 065,3	1 159,9	1 111,1
Schweden, Generalhandel	513,5	500,5	462,1	487,8	478,2	497,7	567,1	623,3	701,2	—
Dänemark, Generalhandel	464,8	450,7	444,9	484,8	452,5	473,5	452,3	510,2	555,3	—
Norwegen, Generalhandel	309,7	277,8	284,2	286,1	308,8	333,9	366,3	389,2	431,3	—
Portugal, Spezialhandel	221,2	172,5	214,5	199,9	223,0	221,2	226,2	272,2	283,4	334,3
Griechenland, Spezialhandel	140,4	119,3	91,5	110,0	109,6	116,3	116,4	153,2	128,1	130,0
Vereinigte Staaten, Spezialhandel	4 426,3	4 214,4	4 374,3	3 297,6	3 787,6	3 935,2	4 088,1	3 041,7	3 558,4	4 302,0
Japan	339,0	384,3	475,4	632,8	695,8	924,4	1 181,5	1 494,6	1 185,8	1 544,8

Ausfuhr der wichtigsten Länder 1891—1900.
Wert in Millionen Francs.

	1891	1892	1893	1894	1895	1896	1897	1898	1899	1900
England	6 234,4	5 730,0	5 505,5	5 447,5	5 699,7	6 057,8	5 906,5	5 885,3	6 670,7	7 344,1
Deutschland	3 921,7	3 648,3	3 818,6	3 657,3	4 097,6	4 353,5	4 489,2	4 639,4	5 195,6	5 451,7
Frankreich	3 569,7	3 460,7	3 236,4	3 078,1	3 373,8	3 400,9	3 597,9	3 510,9	4 152,6	4 108,7
Niederlande	2 375,7	2 361,9	2 352,9	2 321,9	2 454,0	2 785,8	3 081,0	3 157,4	3 296,6	3 531,3
Belgien	1 519,6	1 369,4	1 355,9	1 303,7	1 385,4	1 467,9	1 626,4	1 787,0	1 949,3	1 922,9
Rufsland	2 829,6	1 902,4	2 396,8	2 674,8	2 756,4	2 754,4	1 906,4	2 930,8	2 508,0	—
Österreich-Ungarn	1 943,1	1 785,1	1 989,8	1 964,9	1 832,2	1 911,8	1 892,5	1 994,8	2 999,1	2 361,2
Italien	876,8	958,2	964,2	1 026,5	1 037,7	1 052,1	1 091,7	1 203,6	1 431,4	1 338,3
Spanien	932,2	759,5	709,7	672,9	804,9	1 023,2	1 074,9	918,9	864,4	723,9
Schweiz	671,9	657,6	646,5	621,2	663,4	688,1	693,2	723,8	796,0	836,1
Schweden	449,3	457,4	456,0	414,8	432,5	472,7	497,5	479,1	497,5	—
Dänemark	345,9	350,4	326,6	366,3	301,6	303,6	338,2	331,3	375,2	—
Norwegen	172,4	165,0	176,0	172,2	178,3	191,4	221,8	210,4	208,4	—
Portugal	119,8	137,8	131,0	133,8	151,2	146,2	152,9	174,2	161,3	173,0
Griechenland	107,5	82,3	88,0	74,3	73,2	72,5	81,7	88,2	94,7	102,1
Vereinigte Staaten	4 518,5	5 261,3	4 304,7	4 502,5	4 109,8	4 471,4	5 345,8	6 269,3	6 236,2	7 100,7
Japan	424,2	487,3	479,7	604,8	727,7	628,5	870,5	878,0	1 148,1	1 079,1

der Warenwerte, die natürlich Durchschnittswerte sind, erfolgt alljährlich.

Dieses System ist sicher genügend, wenn es sich nur darum handelt, eine Darstellung des Güteraustausches während eines einzelnen Jahres zu geben; aber es wird durchaus unvollkommen, wenn es darauf ankommt, für eine längere Reihe von Jahren einen Vergleich der Handelsbewegung in den einzelnen Jahren zu liefern. Die Ungenauigkeit einer solchen, sich über eine längere Periode erstreckenden Zahlenangabe beruht auf den Veränderungen, die in den Warenwerten eintreten. Solche Veränderungen sind im Sinne einer allgemeinen Baisse in der zehnjährigen Periode 1887/1896 besonders stark vorhanden. Für die einzelnen Waren kann man sich hiervon leicht überzeugen, aber der Privatmann kann unmöglich feststellen, inwieweit diese allgemeine Baisse auf die Gesamtheit der Waren eingewirkt hat, und inwiefern die Statistik des Aufsenhandels davon beeinflufst worden ist. Daher ist es eine dankenswerte Leistung der französischen Zollverwaltung, einmal für die Zeit von 1887 bis 1896 diese Forschungen angestellt zu haben. Die Zollverwaltung hat nämlich die für das Jahr 1896 festgestellten Warenwerte angewandt auf die in den Jahren 1887 bis 1896 ein- und ausgeführten Waren. Eine solche Zusammenstellung bietet gerade für die Zeit von 1887/1896 ein besonderes Interesse. Darüber heifst es in den Vorbemerkungen der Zollverwaltung[1]: „Die zehnjährige Periode 1887 bis 1896 teilt sich in der Tat in zwei gleiche Perioden, von denen die eine vor und die andere nach der Anwendung des durch das Gesetz vom 11. Januar 1892 aufgestellten Tarifs liegt. Die angestellte Untersuchung hat zum Gegenstand nicht nur, im allgemeinen den Anteil zu bestimmen, den die Baisse der Warenwerte auf die Gesamtheit unserer Handelskäufe und Verkäufe hat, sondern ferner eine begründete Schätzung der Handelsbewegung vor und nach der Anwendung des neuen Zollrégimes von einem Elemente zu befreien, das aufserhalb des direkten Einflusses des Tarifs steht."

Aus der Gesamtheit der zahlreichen Tabellen, welche die Zollverwaltung zu diesem Zwecke zusammengestellt hat, ergibt sich, dafs der durchschnittliche Wert der ausgetauschten Waren in den Jahren 1887 bis 1896, wenn man ihn auf den Durchschnittswert des Jahres 1896 reduziert, bei der Einfuhr eine Baisse von neun Prozent und bei der Ausfuhr eine solche von sechs Prozent aufweist. Für die drei grofsen Warengruppen betrug die Baisse:

---

[1] A. a. O. p. XLIII.

	bei der Einfuhr	bei der Ausfuhr
Nahrungsmittel	10 Prozent	5 Prozent
Rohstoffe für die Industrie .	10 „	8 „
Fabrikate	1 „	6 „

Wenn die Baisse im ganzen bei der Ausfuhr geringer erscheint, so ist doch zu beachten, daſs gerade bei den Fabrikaten, die in der französichen Ausfuhr vorwiegen, die Baisse bedeutend gröſser bei der Ausfuhr ist als bei der Einfuhr (6 Prozent gegen 1 Prozent). Für die fünfjährigen Perioden, vor und nach der Tarifreform vom 11. Januar 1892, gelten folgende Durchschnittszahlen für die Gesamtausfuhr:

	Ausfuhr in Tausend Francs berechnet nach den Warenwerten der einzelnen Jahre	im Jahre 1896
1887/1891	3 504 080	3 173 550
1892/1896	3 309 996	3 210 924
	— 194 084	+ 37 374

Noch wichtiger ist dieselbe Berechnung für die Ausfuhr von Fabrikaten:

	Ausfuhr in Tausend Francs berechnet nach den Warenwerten der einzelnen Jahre	im Jahre 1896
1887/1891	1 859 242	1 703 242
1892/1896	1 820 001	1 760 772
	— 39 241	+ 57 530

Aus diesen Zahlen ergibt sich, daſs, wenn auch der Ausfuhrhandel in der zweiten Periode niederige Zahlen aufweist, dieses nicht lediglich einem ungünstigen Einfluſs der Tarife zuzuschreiben ist, sondern durch das Sinken der Warenwerte stark beeinfluſst worden ist.

Für die Bewegung der Einfuhr gibt die Zollverwaltung folgende Zahlen:

	Einfuhr in Tausend Francs berechnet nach den Warenwerten der einzelnen Jahre	im Jahre 1896
1887/1891	4 330 903	3 744 784
1892/1896	3 882 136	3 728 273
	— 448 767	— 16 511

Für die Beurteilung der Wirkungen der Tarifreform von 1892 interessiert bei der Einfuhr besonders die Einfuhr der für die Industrie notwendigen Rohstoffe. Diese betrug in Tausend Frcs.:

	nach den Warenwerten der einzelnen Jahre	im Jahre 1896
1887/1891	2 247 368	1 861 921
1892/1896	2 154 437	2 095 325
	— 92 931	+ 233 404

Die vorstehenden statistischen Angaben über die Gesamteinfuhr lassen die Wirkungen der Tarifreform in einem günstigeren Lichte erscheinen. Demnach hätte der hochschutzzöllnerische Tarif in der zweiten Periode nur eine Verminderung der Einfuhr von 16½ Millionen gegen den Betrag der Einfuhr in der Periode vor 1892 herbeigeführt, während doch die nach den Warenwerten der einzelnen Jahre aufgestellten Statistiken eine Verminderung der Einfuhr nach 1892 von beinahe einer halben Milliarde anzeigten. Dasselbe günstige Bild zeigen fernerhin die für die Industrie notwendigen Rohstoffe.

Ein Vergleich der Zahlen der Einfuhr in den einzelnen Jahren liefert weitere interessante Aufschlüsse:

Jahre	Gesamteinfuhr in Tausend Francs berechnet nach den Warenwerten	
	der einzelnen Jahre	des Jahres 1896
1887	4 025 966	3 603 663
1888	4 107 008	3 620 287
1889	4 316 768	3 640 739
1890	4 436 908	3 736 289
1891	4 767 867	4 122 944
1892	4 188 059	3 773 994
1893	3 853 700	3 578 027
1894	3 850 445	3 812 855
1895	3 719 899	3 677 908
1896	3 798 579	3 798 579

Die Einfuhr der für die Industrie notwendigen Rohstoffe gestaltete sich nach den beiden Berechnungen in dem Jahrzehnt 1887/1896 folgendermaſsen:

Jahre	In Tausend Francs berechnet nach den Warenwerten	
	der einzelnen Jahre	des Jahres 1896
1887	2 036 037	1 789 385
1888	2 057 626	1 755 444
1889	2 303 308	1 825 533
1890	2 382 839	1 861 596
1891	2 457 030	2 077 649
1892	2 172 688	1 980 569
1893	2 220 507	2 062 284
1894	2 104 487	2 137 172
1895	2 100 920	2 123 016
1896	2 173 582	2 173 582

In dieser Tabelle weichen die Angaben in den beiden Kolonnen weniger von einander ab; aus beiden Reihen ergibt sich, daſs der Tarif von 1892 eine gewisse Zunahme des Verbrauchs an den für die Industrie notwendigen eingeführten Rohstoffen nicht gehindert hat.

Die französische Ausfuhr gestaltete sich in den Jahren 1887/1896 nach den beiden Berechnungsmethoden:

Jahre	In Tausend Francs berechnet nach den Warenwerten der einzelnen Jahre	des Jahres 1896
1887	3 246 499	2 983 096
1888	3 246 749	2 995 446
1889	3 703 957	3 311 043
1890	3 753 458	3 330 454
1891	3 569 737	3 247 712
1892	3 460 734	3 234 288
1893	3 236 383	3 009 580
1894	3 078 145	3 040 372
1895	3 373 796	3 364 461
1896	3 400 920	3 400 920

Für die Ausfuhr von Fabrikaten gelten folgende Zahlen:

Jahre	In Tausend Francs berechnet nach den Warenwerten der einzelnen Jahre	des Jahres 1896
1887	1 738 760	1 573 403
1888	1 706 583	1 606 381
1889	1 925 868	1 758 452
1890	1 999 044	1 810 809
1891	1 926 249	1 767 164
1892	1 878 844	1 743 370
1893	1 741 796	1 635 477
1894	1 657 247	1 630 600
1895	1 909 193	1 881 494
1896	1 912 920	1 912 920

Die Ausfuhr von Fabrikaten zeigt einen kleinen Fortschritt, der sich besonders nach der Beendigung des französich-schweizerischen Zollkrieges, also von 1895 an, bemerkbar macht.

Man geht wohl nicht fehl in der Annahme, dafs die Befürchtungen, die bezüglich der Wirkungen des schutzzöllnerischen Tarifs vom Jahre 1892 in weiten Kreisen gehegt wurden, doch übertrieben waren. Die Schutzzollpolitik hat den französischen Aufsenhandel nicht ruiniert. In der hochschutzzöllnerischen Ära hat der Aufsenhandel Frankreichs freilich keinen glänzenden Aufschwung genommen; jedoch die oben (S. 64) aufgeführten Zahlen des britischen Aufsenhandels zeigen, dafs auch im freihändlerischen England die Gesamtausfuhr von 1890 bis 1900 nicht besonders gestiegen ist. Demgegenüber ist aber die Entwicklung des auswärtigen Handels Deutschlands in dem letzten Jahrzehnt des verflossenen Jahrhunderts eine um so glänzendere.

Aus den angeführten Zahlen ergibt sich die Folgerung, daſs die Tarifreform vom Jahre 1892 trotz ihres hochschutzzöllnerischen Charakters dem französischen Handel die Möglichkeit gegeben hat, sich langsam auszudehnen.

In finanzieller Hinsicht hat die Tarifreform vom Jahre 1892 gut gewirkt. Die Einnahmen aus den Zöllen sind seit dem Inkrafttreten der neuen Tarife bedeutend gröſser als früher. Sie betrugen in Millionen Frcs.:

1885	368,6	1893	452,5
1886	324,6	1894	466,3
1887	334,5	1895	399,9
1888	381,3	1896	423,9
1889	355,6	1897	432,8
1890	361,5	1898	476,4
1891	393,6	1899	441,4
1892	430,8	1900	427,8

Achtes Kapitel.

Die Entwicklung der französischen Landwirtschaft und die Agrarpolitik der neunziger Jahre.

Die wirtschaftliche Lage der französischen Landwirtschaft.

Frankreich ist überwiegend Agrarstaat. Von der Bodenfläche Frankreichs im Betrage von 52857199 ha sind 44241720 ha oder 83,7 Prozent der Gesamtoberfläche landwirtschaftlich benutzte Fläche. Nach dem Zensus vom Jahre 1896 betrug die landwirtschaftliche Bevölkerung Frankreichs 17435888 Personen oder 47,6 Prozent der Gesamtbevölkerung. Aus diesen Zahlen ersieht man, von welcher Bedeutung die wirtschaftliche Lage der französischen Landwirtschaft für die ganze Volkswirtschaft Frankreichs ist.

Hauptsächlich um die wirtschaftliche Lage der französischen Landwirtschaft zu verbessern, war die Tarifreform vom Jahre 1892 erfolgt, und die Urheber der letzteren hatten gerade aus agrarischen Kreisen die notwendige Unterstützung erhalten. Daher erscheint es angebracht, einmal zu untersuchen, ob die Schutzzollpolitik der französischen Landwirtschaft den erhofften Erfolg gebracht hat oder nicht.

Am wichtigsten für die Beurteilung der gesamten französischen Landwirtschaft ist die Entwicklung des Getreidebaues.

Die Agrarstatistik vom Jahre 1892 zeigt gegenüber der des Jahres 1882 eine Abnahme des Getreidebaues um 269000 ha oder um 1,72 Prozent; sie betrifft aber lediglich den Anbau von Roggen und Gerste, dagegen haben sich die mit Weizen und Hafer bebauten Flächen in dem genannten Zeitraum vermehrt.

Bei der nachfolgenden Untersuchung der Lage der einzelnen landwirtschaftlichen Produktionsarten benutzen wir die Angaben der amtlichen französischen Statistik und ziehen auch hier, ebenso wie bei der Darstellung der Entwicklung des französischen Handels, die der Tarifreform vom Jahre 1892 vorangehenden und nachfolgenden acht Jahre zum Vergleiche heran. Auf die wichtigsten Fragen, die in einer Untersuchung über die Entwicklung der französischen Landwirtschaft sich für den Getreidebau aufdrängen, gibt nachstehende Tabelle Antwort.

Anbau, Produktion, Ertrag pro Hektar, Nettoeinfuhr, Konsum und Preisgestaltung für Getreide in den Jahren 1884—1900.

Jahr	Bebaute Fläche Tausend Hektar	Französische Produktion Tausend Hektoliter	Ertrag pro Hektar Hektoliter	Überschufs der Einfuhr über die Ausfuhr Millionen Hektoliter	Getreidekonsum in Frankreich Millionen Hektoliter	Jahresdurchschnittspreis pro Hektoliter in Frankreich Frcs.
1884	7052	114 231	16,20	14,8	129,8	17,76
1885	6957	109 862	15,79	8,9	118,8	16,80
1886	6956	107 287	15,42	9,8	171,1	16,94
1887	6967	112 456	16,14	12,2	124,6	18,13
1888	6978	98 741	14,15	15,5	114,2	18,37
1889	6039	108 320	15,39	15,6	123,9	18,45
1890	6062	106 916	16,55	14,5	131,4	19,05
1891	5755	77 265	13,49	27,3	104,6	20,58
Durchschnitt	6596	104 385	15,39	14,8	120,5	18,26
1892	**6987**	**109 538**	**15,67**	**25,7**	**135,2**	**17,87**
1893	7073	97 792	13,82	13,3	111,1	16,55
1894	6991	122 469	17,52	16,5	139,0	15,21
1895	7002	119 968	17,13	6,4	126,4	14,40
1896	6870	119 742	17,42	2,2	121,9	14,82
1897	6584	86 900	13,19	6,9	93,8	18,85
1898	6964	128 312	18,40	26,2	154,2	19,90
1899	6940	128 419	18,50	1,7	130,1	15,60
1900	6864	114 711	16,71	1,6	116,5	15,55
Durchschnitt	6911	114 789	16,59	9,3	124,1	16,36
Unterschied zwischen den beiden Perioden	+ 315	+ 10 404	+ 1,20	— 5,5	+ 3,6	— 1,90

Diese Tabelle gibt wichtige Aufschlüsse. Aus den drei ersten Kolonnen der Zusammenstellung kann man auf eine zufriedenstellende Entwicklung des französischen Getreidebaues schliefsen. Die in jedem Jahr mit Getreide bebaute Fläche ist in der zweiten Periode gröfser als in der ersten, die gesamte französische Getreideproduktion ist nach 1892 im Jahresdurchschnitt um fast 10½ Millionen Hektoliter reicher als vor 1892. Die dritte Kolonne beweist, dafs die höheren Schutzzölle die französischen Landwirte nicht veranlafst haben, auf Fortschritte in der Bewirtschaftung ihrer Äcker zu verzichten; der Ertrag pro Hektar ist in der zweiten Periode ebenfalls erheblicher als in der ersten. Ferner geht aus der Tabelle die interessante Tatsache hervor, daſs die Nettoeinfuhr, d. h. die Einfuhr von Weizen und Weizenmehl, abzüglich der Ausfuhr dieser Artikel und in Hektolitern Getreide ausgedrückt, um 5½ Millionen im Durchschnitt der zweiten Periode abgenommen hat, während die dem inländischen Konsum zur Verfügung stehende Menge in derselben Zeit um 3,6 Millionen Hektoliter durchschnittlich zugenommen hat. Mit anderen Worten: wenn auch die Getreideeinfuhr infolge der hohen Schutzzölle seit 1892 geringer geworden ist, so ist hiermit ein nicht unbedeutender Aufschwung der einheimischen Produktion verbunden gewesen. Infolgedessen hat auch der Getreidekonsum in Frankreich zugenommen, und trotz der veränderten Einfuhr ist in Frankreich in der zweiten Periode mehr Weizenbrot verzehrt worden als vor dem Jahre 1892. Endlich ist auch der Getreidepreis nach 1892 im Jahresdurchschnitt noch 1,90 Frcs. niedriger als der der ersten Periode. Für die Landwirtschaft bedeutet dieses, daſs trotz des hohen Zolles von 7 Frcs., mit dem nach dem Gesetz vom 27. Februar 1894 die Einfuhr eines Doppelzentners Getreide belegt war, der Getreidepreis nicht die von den Agrariern für notwendig gehaltene Höhe dauernd erreicht. Allerdings wäre ja ohne die hohen Schutzzölle ein weit stärkeres Sinken des Getreidepreises erfolgt, und das Brot wäre viel billiger geworden, denn nur wegen der hohen Zölle ist das Getreide in Frankreich teurer als im Auslande, wie aus folgender Übersicht hervorgeht. Nach dem Annuaire de statistique de la France (1896, p. 421) betrugen am 10. Juli 1896 die Getreidepreise auf den wichtigsten französischen und ausländischen Märkten:

	Preis Frcs.		Getreidezoll für 100 kg Frcs.
Paris	18,75		7,00
Lyon	19,75		
Rouen	17,25		
Toulouse	19,85		
Nancy	19,75		
Dijon	20,25		
Chartres	18,75		
Bergues	19,30		
Berlin	17,95	Generaltarif	6,25
		Vertragstarif	4,75
Wien	14,65		3,75
London	15,40		—
Brüssel	15,35		—
New York	11,65		4,89
Chicago	10,55		

In einem so überwiegenden Agrarstaate wie Frankreich dürfte die durch die Getreidezollpolitik hervorgerufene Belastung der Konsumenten wohl als ein notwendiges Übel anzusehen sein. Es erscheint doch sehr wahrscheinlich, dafs ohne Schutzzölle die französische Landwirtschaft schwer geschädigt, das Kulturareal beschnitten worden wäre, und ob dann nicht durch den Ausfall so vieler Käufer für Industrieprodukte, wie sie die Landwirte repräsentieren, der ganzen französischen Volkswirtschaft die allergröfsten Nachteile erwachsen sein würden, wird für alle diejenigen, welche nicht Anhänger der Freihandelsdogmatik sind, ebenfalls wahrscheinlich sein. Man wird die französische Getreidezollpolitik hinsichtlich ihrer Wirkungen für die Verteuerung der notwendigsten Lebensmittel weniger ungünstig beurteilen können, wenn man den Anteil berücksichtigt, den die zollfreie Getreideeinfuhr aus Algerien ausmacht. Die nachfolgenden Zahlen geben den Betrag der Gesamteinfuhr von Weizen und den Anteil der Einfuhr aus Algier im Spezialhandel seit 1885, dem Jahre der Assimilation Algeriens an Frankreich, an.

Jahr	dz.	Anteil der Einfuhr an Algerien
1884	10 549 219	414 601
1885	6 457 821	958 463
1886	7 097 486	1 182 947
1887	8 967 143	1 087 514
1888	11 357 123	775 956
1889	11 417 592	1 023 448
1890	10 552 014	1 454 504
1891	19 601 834	907 665
1892	18 842 370	780 746
1893	10 031 629	381 094
1894	12 496 188	786 085
1895	4 507 304	1 129 446
1896	1 584 770	538 887
1897	5 226 591	450 502
1898	19 545 463	485 995
1899	1 304 944	853 847

Wie aus der oben (Seite 8) angeführten Tabelle zu ersehen ist, war die von den agrarischen Schutzzöllnern erhoffte Preissteigerung auch nach der Zollerhöhung vom Jahre 1885 keineswegs eingetreten. Daher erhoben die französischen Landwirte im Jahre 1893, als der Getreidepreis auf einen noch niedrigeren Betrag gesunken war, als sie im Jahre 1885 für ihr Getreide erzielt hatten, wieder laute Klagen. Die Deputiertenkammer hatte sich wiederum mit Anträgen auf

Erhöhung des Weizenzolles, sowie auch der Zölle für andere landwirtschaftliche Artikel zu beschäftigen.

Die Diskussion über die Erhöhung der Getreidezölle rollte noch einmal die grofsen handelspolitischen Fragen der letzten Jahre auf. Auch diesmal entbrannte zwischen Schutzzöllnern und Freihändlern ein heifser Kampf, wenn auch der Sieg der ersteren bei ihrer starken Übermacht von vornherein gesichert war. Eine Abwechslung brachten die Debatten durch den von sozialistischer Seite unternommenen Versuch, die Einfuhr von Getreide zu einem Staatsmonopol zu machen. Der sozialistische Deputierte Jaurès forderte die Annahme folgenden Gegenantrags: „Der Staat allein hat das Recht, ausländisches Getreide und Mehl einzuführen. Er wird das Getreide zu einem in jedem Jahre durch ein Gesetz festgestellten Preise verkaufen." Der Mehlpreis sollte ebenfalls gesetzlich bestimmt werden. Dieser Antrag wurde jedoch nach eingehender Diskussion mit 481 gegen 52 Stimmen abgelehnt.

Auch das Projekt Mélines, das einen veränderten Getreidezoll einführen wollte (wurde mit 411 gegen 103 Stimmen abgelehnt), fand keine Annahme. Da nach der Ablehnung dieses Antrags die Zollkommission den ursprünglich von ihr geforderten Getreidezoll von 8 Frcs. für zu hoch hielt, ermäfsigte sie denselben auf 7 Frcs. und erniedrigte auch die für die übrigen Artikel vorgesehenen Zölle entsprechend. Der abgeänderte Entwurf gelangte dann mit 371 gegen 172 Stimmen am 21. Februar 1894 zur Annahme.

Im Senat wurde dieser Gesetzentwurf mit 185 gegen 32 Stimmen am 27. Februar 1894 ebenfalls angenommen.

Durch dieses Gesetz vom 27. Februar 1894 wurden die Zölle für mehlhaltige Nahrungsmittel folgendermafsen abgeändert:

Für 100 kg beträgt der Zoll für:

	Generaltarif Frcs.	Minimaltarif Frcs.
Weizen, Spelz und Mischkorn in Körnern . . .	7,—	—
Gequetschte Körner und Mahlgut (Boulange) und mehr als 10 Prozent Mehl	11,—	—
Mehl von 70 Prozent Auszug und darüber . . .	11,—	—
Desgl. zwischen 70 und 60 Prozent Auszug . . .	13,50	—
Desgl. zwischen 60 Prozent Auszug und darunter	16,—	—
Schiffszwieback und Brot	7,—	—
Grütze, Gries (grobes Mehl), Graupen	16,—	—
Hirse, geschält und geputzt (mondé)	6,—	—
Griesteigwerk und italienische Nudeln	19,—	16,—

Die Wirkung dieser Zölle war eine unmittelbare.

Die Weizeneinfuhr sank im Jahre 1895 auf $4^1/_2$ Millionen und 1896 auf $1^1/_2$ Millionen Doppelzentner, während sie 1894 noch $12^1/_2$ Millionen Doppelzentner betragen hatte (vgl. Tabelle auf Seite 10). Als aber im Jahre 1898 der Getreidepreis infolge einer schlechten Ernte und infolge der durch den spanisch-amerikanischen Krieg im Handel hervorgerufenen Unsicherheit die Höhe von 30 Frcs. pro Doppelzentner erreichte, schien es der französischen Regierung doch geraten, von ihrem Rechte Gebrauch zu machen und den Getreidezoll wegen des hohen, die Volksernährung bedrohenden Getreidepreises zu suspendieren. Durch Verordnungen vom 3. und 4. Mai 1898 wurde für die Zeit vom 5. Mai bis 1. Juli 1898 der Weizenzoll aufgehoben und der Mehlzoll auf 1 Frcs. ermäſsigt.

Zum Schluſs der Besprechung der Getreidezölle Frankreichs sei folgende vergleichende Übersicht über die Höhe der Getreidezölle in den verschiedenen Ländern angeführt[1].

Länder	Artikel	Gewicht	Zollbetrag in Francs
Ruſsland	Getreide	Meterzentner	frei
	Mehl		4,88
Schweden	Getreide	„	1,74
	Mehl		3,48
Norwegen	Getreide	„	0,31
	Mehl		1,74
Dänemark . . .	Getreide	„	frei
	Mehl		frei
Deutschland . . .	Getreide	„	4,30
	Mehl		8,98
Holland	Getreide	„	frei
	Mehl		frei
Belgien	Getreide	„	frei
	Mehl		frei
Frankreich	Getreide	„	2,—
	Mehl		11—16
Portugal	Getreide	„	verboten
	Mehl		„
Spanien	Getreide	„	8,—
	Mehl		13,20
Italien	Getreide	Metertonnenzentner	70,—
	Mehl		11,50
Österreich-Ungarn .	Getreide	„	3,75
	Mehl		9,37
Schweiz	Getreide	„	0,30
	Mehl		2,—
Griechenland . . .	Getreide	„	5,25
	Mehl		4,64

[1] Nach einer im Bull. de stat. 1894, Bd. 35, p. 648 veröffentlichten, der Publikation des Board of Trade entnommenen Statistik.

Länder	Artikel	Gewicht	Zollbetrag in Francs
Türkei	Getreide Mehl	8 % des Wertes	— —
Bulgarien	Getreide Mehl	8½ % des Wertes	frei frei
Rumänien	Getreide Mehl	Meterzentner hl	12,— 3,70
Vereinigte Staaten .	Getreide Mehl	25 % des Wertes	— —

Der Anbau der übrigen Cerealien ist in Frankreich von geringerer Bedeutung, so daſs im Rahmen dieser Abhandlung wohl auf eine besondere Darstellung der wirtschaftlichen Entwicklung desselben verzichtet werden kann. Von Interesse dagegen wäre eine Untersuchung über die Wirkungen der Tarifreform vom Jahre 1892 für die französische Viehzucht; leider aber fehlt es an einer Statistik des Viehbestandes für die Zeit nach 1892. Die Zahlen der Ein- und Ausfuhr von Vieh geben zu besonderen Bemerkungen keinen Anlaſs. Eines kann aber doch festgestellt werden, nämlich daſs die Tarifreform vom Jahre 1892 es nicht verhindert hat, daſs die Fleischpreise in der Zeit von 1890 — 1901 ganz erheblich gesunken sind. Dieses gilt besonders für Ochsen- und Kalbfleisch.

Im übrigen sei auf nachstehende, der Zeitschrift „La Réforme économique“ entnommenen Zahlen verwiesen.

Preisbewegung für Fleisch 1890—1901.
(Engrospreise, pro Kilogramm und in Francs.)

Jahr	Ochsen		Kälber		Hammel		Schweine	
	La Vilette[1]	Halles centrales	La Vilette	Halles centrales	La Vilette	Halles centrales	La Vilette	Halles centrales
1890	1,65	2,70	2,12	1,92	2,09	1,78	1,44	1,37
1891	1,67	2,80	2,17	1,80	2,15	1,90	1,45	1,38
1892	1,60	2,50	2,08	1,88	2,02	1,88	1,45	1,35
1893	1,59	2,50	2,12	2,06	1,96	1,69	1,46	1,32
1894	1,79	2,55	2.27	1,98	2,12	1,88	1,72	1,58
1895	1,63	2,50	2,17	1,98	2,09	1,93	1,66	1,63
1896	1,50	1,81	1,91	1,69	1,93	1,85	1,10	1,10
1897	1,47	1,94	1,92	1,72	1,82	1,81	1,20	1,20
1898	1,39	1,70	1,87	1,56	1,82	1,68	1,40	1,32
1899	1,43	1,77	1,93	1,61	1,88	1,76	1,51	1,42
1900	1,41	1,53	1,81	1,55	1,93	1,92	1,41	1,39
1901	1,46	1,54	1,91	1,61	1,98	2,09	1,39	1,34

[1] La Vilette ist der groſse Fleischmarkt in Paris, auf dem das Vieh lebend gekauft wird; in den Halles centrales kaufen die Fleischer das geschlachtete Fleisch en gros ein.

Derselben Zeitschrift sind auch die nachstehend aufgeführten Preise für Butter in den Jahren 1890—1901 entnommen.

Ein Kilogramm Butter kostet durchschnittlich:

1890 . . .	3,15 Frcs.	1896 . . .	2,67 Frcs.
1891 . . .	3,20 „	1897 . . .	2,77 „
1892 . . .	3,90 „	1898 . . .	3,06 „
1893 . . .	4,20 „	1899 . . .	3,31 „
1894 . . .	3,25 „	1900 . . .	3,24 „
1895 . . .	2,80 „	1901 . . .	2,89 „

Von grofser Wichtigkeit für die Beurteilung der schutzzöllnerischen Politik Frankreichs ist die Entwicklung des französischen Weinbaues. Daher soll im nachstehenden hierauf näher eingegangen werden.

Dank der günstigen klimatischen Verhältnisse besitzt die französische Volkswirtschaft in dem Weinbau einen äufserst wertvollen Produktionszweig. Frankreich hat für manche der besseren Weinsorten ein natürliches Monopol und braucht für diese keine Schutzzölle.

Aber auch für die übrigen geringeren Sorten befand sich Frankreich bis Ende der siebziger Jahre des 19. Jahrhunderts in einem Zustande der wirtschaftlichen Überlegenheit, der den französischen Weinbauern gestattete, eifrige Freihändler zu sein. Die Weinbauern im Süden Frankreichs wollten bis dahin von einer schutzzöllnerischen Politik, welche nur die Lebenshaltung der Bevölkerung verteuere, nichts wissen. Die Ansichten änderten sich, als eine verheerende Krankheit, die Phyloxera, einen grofsen Teil der französischen Weinberge vollständig zerstörte und die Weinbauern in eine sehr bedrängte Lage brachte. Vor dem Auftreten der Phyloxera hatte der französische Weinbau bedeutende Fortschritte gemacht. Nach den Berechnungen der Administration des contributions indirectes[1] betrug die mit Reben bepflanzte Fläche sowie die jährliche Produktion:

Jahr	Tausend Hektar mit Wein bebauter Fläche	Produktion in Millionen Hektolitern
1808	1614	28,0
1829	2003	31,0
1835	2119	26,5
1840	2145	27,7

[1] A. de Foville, La France économique p. 161.

Jahr	Tausend Hektar mit Wein bebauter Fläche	Produktion in Millionen Hektolitern
1845	2169	30,1
1850	2182	45,3
1855	2175	15,2
1860	2205	39,6
1865	2294	68,9
1870	2238[1]	54,5
1875	2421	83,8

In diesem Zeitraum war die französische Weinausfuhr immer gröfser als die Einfuhr von Wein. Nach der amtlichen Statistik betrug der Spezialhandel in Weinen:

Perioden	Jährliche Einfuhr in tausend Hektolitern	Jährliche Ausfuhr in tausend Hektolitern
1827—1836	3,2	1175,4
1837—1846	3,6	1361,7
1847—1856	93,7	1767,8
1857—1866	183,3	2479,6
1867—1876	406,2	3283,4

Die Wirkungen der Phyloxera und die Verschlechterung der Lage der Weinbauern ergeben sich aus folgenden Zahlen:

Jahr	Tausend Hektar mit Wein bebauter Fläche	Produktion in tausend Hektolitern	Durchschnittsertrag pro Hektar
1875	2421	83 836	35,00
1876	2226	41 847	19,00
1877	2246	56 405	25,11
1878	2996	48 720	21,00
1879	2241	25 770	11,50
1880	2204	29 667	13,46
1881	2700	34 139	12,64
1882	2135	30 886	14,46
1883	2096	36 029	17,19
1884	2040	34 781	17,04
1885	1991	28 536	14,33
1886	1959	25 063	12,79
1887	1944	24 333	12,52
1888	1844	30 102	16,32
1889	1818	23 224	12,78
1890	1817	27 416	15,09

[1] Elsafs-Lothringen abgerechnet.

Jahr	Tausend Hektar mit Wein bebauter Fläche	Produktion in tausend Hektolitern	Durchschnitts-ertrag pro Hektar
1891	1763	30 140	17,09
1892	1783	29 082	16,31
1893	1793	50 070	27,92
1894	1767	39 053	22,10
1895	1747	26 688	15,28
1896	1728	44 656	25,84
1897	1689	32 350	19,15
1898	1707	32 282	18,92
1899	1698	47 908	28,22
1900	1730	67 353	39,00
1901	1735	57 964	33,40

Die vorstehenden statistischen Angaben genügen aber noch nicht, um ein Urteil über die Wirkungen des Schutzzollsystems für die wirtschaftliche Lage des französischen Weinbaues zu gewinnen. Wie bei der Besprechung der Vorbereitung der Tarifreform vom Jahre 1892 schon erwähnt, war die Zollbelastung der in Frankreich eingeführten Weine eine relativ hohe. Nach dem Generaltarif nämlich zahlten die Weine mit weniger als 11 Grad Alkohol 1,20 Frcs. und nach dem Minimaltarif 0,70 Frcs. für jedes Liter. Für diejenigen Weine, deren Alkoholgehalt 11 Grad übersteigt, betrug der Zoll in den beiden Tarifen 12 bezw. 7 Frcs. pro Hektoliter Flüssigkeit, und aufserdem für jeden weiteren Grad von 11 Grad einschliefslich wurde die hohe Verbrauchsabgabe für Alkohol, nämlich 156,25 Frcs. pro Hektoliter, erhoben.

Die meisten anderen Länder, die hinsichtlich des Weinbaues sich in nicht annähernd so günstiger Lage befinden wie Frankreich, haben meist höhere Weinzölle als Frankreich. So werden nach dem deutschen Generaltarif 30 und nach dem Vertragstarif 25 Frcs. pro 100 kg erhoben; in England sind für 17 Hundertgrade Alkoholgehalt 27,50 Frcs. pro Hektoliter und von 17 bis 20 Hundertgraden 68,78 Frcs. zu zahlen; ebenso beträgt in Österreich der Weinzoll 27,50 Frcs. Spanien erhebt nach dem Generaltarif 65 Frcs. und nach dem Minimaltarif 50 Frcs., Portugal sogar 201 Frcs. pro Hektoliter. In Rufsland bestimmt der Generaltarif für Wein einen Zoll von 126,96 Frcs. pro 100 kg, der Minimaltarif einen solchen von 97,68 Frs. In den Vereinigten Staaten endlich beträgt der Weinzoll 41,05 Frcs. pro Hektoliter. Diese hohen Zölle aber sind zum gröfsten Teil keine Schutzzölle, sondern Finanzzölle.

Die Erfahrung hatte gezeigt, dafs die Taxation des Weines nach dem Alkoholgehalt, die das Zolltarifgesetz vom Jahre 1892 eingeführt hatte, nicht zweckmäfsig gewesen war. Neue Mifsbräuche bei der Einfuhr von Wein waren entstanden, Weine von starkem Alkoholgehalt wurden so sehr „verschnitten“, dafs sie noch unterhalb der Alkoholgrenze von 10,9 Grad eingeführt werden konnten. Deshalb war es notwendig, den Weinzoll auf einer anderen, sicherern Grundlage zu basieren. Als solche konnte nur das Volumen in Betracht kommen. Die Interessenten des Weinbaues begnügten sich aber nicht mit einer einfachen Umrechnung des vorhandenen Weinzolles, sondern sie benutzten die Gelegenheit, um ihre schutzzöllnerischen Wünsche von neuem nachdrücklich zu äufsern und eine erhebliche Erhöhung des Weinzolles zu erlangen. Im Jahre 1898 setzten die Interessenten ihre Wünsche hinsichtlich der Erhöhung des Weinzolles auch durch. Die Regierung brachte einen Gesetzentwurf ein, demzufolge die Taxation nach dem Volumen vorgenommen werden sollte. Nach erregten Debatten, in denen die Südfranzosen mit Leidenschaft ihre schutzzöllnerischen Wünsche vertraten, wurde schliefslich am 21. Dezember 1898 der Regierungsentwurf, welcher für Weine von 12 Grad und darunter im Generaltarif einen Zoll von 25 Frcs. pro Hektoliter Flüssigkeit und im Minimaltarif einen solchen von 12 Frcs. vorsah, mit 295 gegen 207 Stimmen angenommen.

Im Senat erfolgte die Annahme dieses Gesetzentwurfes am 30. Januar 1899.

Die Erhöhung der Wein- und Traubenzölle war auf Grund des Gesetzes vom 13. Dezember 1897 (loi du cadénas) sofort, nachdem die Regierung den Gesetzentwurf eingebracht hatte, in Kraft getreten.

Was nun die Frage bezüglich der Wirkungen des schutzzöllnerischen Regimes für den französischen Weinbau betrifft, so kommt man zu einem brauchbaren Resultate, wenn man die in nachstehender Tabelle für die achtjährige Periode vor und nach der Tarifreform vom Jahre 1892 gegebenen Zahlen vergleicht[1].

---

[1] La France et le protectionisme. Conférence contradictoire faite le 21. octobre 1901 à la Chambre de commerce Anglaise de Paris. Discours de M. Yves Guyot. Réponse de M. Edmond Théry (Supplément au no. 37 du „Travail national“).

Produktion, Ein- und Ausfuhr und Konsum von Wein in Frankreich in den Jahren 1884—1900.

Jahr	Inländische Produktion	Einfuhr aus dem Auslande	Ausfuhr nach dem Auslande	Konsum in Frankreich	Wert der jährlichen Einfuhr	Wert der jährlichen Ausfuhr
	Tausend Hektoliter				Tausend Francs	
1884	34 781	8 115	2470	40 426	344 226	237 325
1885	28 536	8 182	2580	34 138	388 625	235 907
1886	25 063	11 011	2704	33 370	517 746	259 627
1887	24 333	12 277	2402	34 208	443 690	233 728
1888	30 102	12 064	2118	40 048	437 900	242 481
1889	23 224	10 470	2166	31 528	383 742	251 038
1890	27 416	10 830	2162	36 084	349 846	268 841
1891	30 140	12 280	2043	40 377	401 119	245 712
Durchschnitt 1884—1891	27 949	10 653	2330	36 272	408 362	246 832
1892	**29 082**	**9400**	**1840**	**36 642**	**305 627**	**213 573**
1893	50 070	5895	1569	54 936	183 033	188 617
1894	39 053	4495	1724	41 824	144 807	232 735
1895	26 688	6336	1696	31 328	211 856	222 379
1896	44 656	8814	1783	51 687	293 815	242 268
1897	32 350	7531	1775	38 106	280 309	232 508
1898	32 282	8603	1636	39 249	309 884	218 336
1899	47 908	8465	1713	54 660	267 446	210 217
1900	67 353	5215	1905	70 663	176 986	227 539
Durchschnitt 1893—1900	42 545	6919	1725	47 739	233 517	221 825
Unterschied zwischen den beiden Perioden	+ 14 596	— 3734	— 605	+ 11 467	— 174 845	— 25 007

Wie aus dieser Zusammenstellung ersichtlich, ist der Weinkonsum in der zweiten Periode ein weit gröſserer als in der ersten, eine Erscheinung, die wohl auf eine günstige Entwickelung der Lebenshaltung breiter Schichten der Bevölkerung schlieſsen läſst. Ferner ist darauf hinzuweisen, daſs die französische Weinausfuhr in der zweiten Periode immer geringer geblieben ist als in der ersten. Die Zusammensetzung der Zahlen der Ausfuhr in den verschiedenen Jahren aber ist eine ungleiche. So wurden im Jahre 1884 2 470 000 hl Wein im Werte von 237 325 000 Frcs. ausgeführt; der Durchschnittswert eines Hektoliters bei der Ausfuhr betrug also 96 Frcs. Im Jahre 1900 ist das Volumen der Weinausfuhr auf 1 569 000 hl gesunken, aber der Wert der Weinausfuhr repräsentiert noch 227 539 000 Frcs.; mithin beträgt der Wert eines Hektoliters im Jahre 1900 119 Frcs.

Es scheint demnach, daſs die Verminderung der Ausfuhr lediglich die billigeren Sorten betroffen hat, während die besseren Marken ihre alte Absatzfähigkeit behalten haben. Diese Zahlen beweisen auch, daſs der Vorwurf, der von freihändlerischer Seite dem schutzzöllnerischen Regime des Weinbaues oft gemacht worden ist, nämlich zu einer Verschlechterung der Qualität der Weine geführt zu haben, nicht zutreffend ist. Man wird nach den vorstehenden Ausführungen wohl zu dem Schluſs kommen können, daſs die Einführung von Schutzzöllen im ganzen von Vorteil gewesen ist, da sie die Wiederherstellung der durch die Phyloxera zerstörten Weinberge erleichtert und auch zu einer Hebung des inländischen Konsums geführt hat.

Neuntes Kapitel.

Die industrielle Entwickelung Frankreichs unter der Herrschaft der Schutzzölle.

Die Beantwortung der Frage nach den Wirkungen der schutzzöllnerischen Handelspolitik auf die industrielle Entwickelung Frankreichs stöſst auf groſse Schwierigkeiten. Im Rahmen einer Abhandlung wie der vorliegenden können nicht alle Produktionszweige Frankreichs dargestellt werden, dazu würde auch selbst eine jahrelange Beobachtung dem Ausländer kaum die erforderliche Sachkenntnis verleihen.

Wenn daher der Kreis der zu untersuchenden Industrien enger gezogen werden muſs, und er nur die allerwichtigsten derselben enthalten kann, so können doch auch diese nur relativ unvollständig behandelt werden. Es läſst sich auch bei eingehender Untersuchung nicht mit einiger Sicherheit beweisen, inwieweit die äuſsere Handelspolitik einen Industriezweig beeinfluſst hat. Dafür wirken zu viele Faktoren auf das wirtschaftliche Gedeihen der einzelnen Unternehmungen ein. Anderseits kompensieren sich die notwendigen Beobachtungsfehler einigermaſsen, wenn man bei der Untersuchung nur die allgemeinsten Tatsachen, wie sie im Wirtschaftsleben in die Erscheinung treten, berücksichtigt. Im nachstehenden soll versucht werden, die Entwickelung der wichtigsten Industrien Frankreichs an Hand der amtlichen französischen Statistik, soweit diese darüber Aufschluſs gibt, darzustellen.

Von den verschiedenen Industrien Frankreichs ist die Textilindustrie für die französische Volkswirtschaft am bedeutendsten, und in der Textilindustrie selbst steht die Gewinnung und Verarbeitung der Seide an erster Stelle. Daher sei auch der Seidenindustrie hier der erste Platz eingeräumt.

Seidenindustrie. Bei der Herstellung der Seidenwaren sind mehrere Industrien beteiligt. Wenn man die indirekt von der Seidenindustrie lebenden Gewerbszweige unberücksichtigt läſst, so gehören zur Seidenindustrie 1) die Züchter von Eiern zum Seidenbau (Graineurs); 2) die Züchter von Seidenwürmern zur Produktion von Kokons (sériculteurs); 3) die Spinner, welche die Seide aus den Kokons ziehen und die Rohseide verfertigen; 4) die Seidenzwirner, welche die Rohseide zu Garn verarbeiten, und endlich 5) die eigentlichen Seidenfabrikanten, die Weber, welche aus den Garnen, die die Zwirnerei geliefert hat, oder direkt aus der Rohseide, die Seidengewebe herstellen.

Was zunächst die ersten drei Gruppen der an der Herstellung der Seide beteiligten Industriezweige betrifft, so wurde schon oben (Seite 37) bei der Besprechung der Tarifreform vom Jahre 1892 darauf hingewiesen, daſs der Staat im Interesse des wirtschaftlichen Gedeihens dieser Erwerbszweige besondere gesetzliche Schutzmaſsregeln getroffen hat. Er bewilligt den Seidenzüchtern und Seidenspinnern Prämien, die aber bisher nicht den Erfolg gehabt haben, welchen der Gesetzgeber erwartet hatte.

Gerade die Entwickelung der letzten Jahre zeigt, daſs die Seidenzucht mindestens stagniert. Die Dekadenz dieses Erwerbszweiges wird im allgemeinen darauf zurückgeführt, daſs infolge des für den Weinbau geschaffenen schutzzöllnerischen Régimes die Bevölkerung in den Departements Südfrankreichs mit Vorliebe die Kultur des Maulbeerbaumes durch die der Weinberge ersetzt hat.

Die Mengen der Seidenwürmereier betrugen seit 1891[1]:

Jahre	Einheimische Rassen	Japanische Rassen		Fernere Rassen	Zusammen
		Originale	Reproduzierte		
	Unzen	Unzen	Unzen	Unzen	Unzen
1891	220 200	3082	5948	6401	235 631
1892	213 959	2581	6476	4140	227 156
1893	212 392	1933	5837	4850	225 012
1894	230 987	1746	5473	2590	240 796
1895	203 855	1308	5640	1624	212 427
1896	212 284	1168	4857	3434	221 743
1897	190 834	1777	3923	2949	199 483
1898	176 988	649	5022	2321	184 980
1899	175 434	788	4200	2523	182 945
1900	197 070	969	4897	2648	205 584
1901	195 592	505	6338	2739	205 174

Auch die Zahl der Seidenzüchter hat abgenommen.

Mit der Seidenzucht beschäftigten sich in Frankreich in den Jahren 1891—1901[2]:

[1] Syndicat de l'Union des marchands de soie de Lyon. Statistique de la production de la soie en France et à l'étranger. Récolte de 1901. p. 8.
[2] Ebenda p. 17.

1891 . .	139 380	Personen	1897 . .	133 253	Personen
1892 . .	141 487	"	1898 . .	123 288	"
1893 . .	148 971	"	1899 . .	128 144	"
1894 . .	154 733	"	1900 . .	136 214	"
1895 . .	139 996	"	1901 . .	132 692	"
1896 . .	145 318	"			

Wegen der schlechten Wirkungen des Gesetzes vom Jahre 1892 wurde im Jahre 1898 das Prämiensystem für die Seidenzüchter und Seidenspinner für die Fortdauer von zehn Jahren festgelegt. Man wird auch auf dieses Gesetz keine allzugroſsen Hoffnungen setzen dürfen.

Die Produktion und der Konsum von Seide in Kokons sind in folgender Tabelle enthalten[1]:

Jahre	Produktion Tausend kg	Einfuhr (Spezialhandel) Tausend kg	Ausfuhr (Spezialhandel) Tausend kg	Konsum Tausend kg	Pro Kopf der Bevölkerung kg
1884	6 197	814	725	6 286	0,1
1885	6 618	585	293	6 911	0,1
1886	8 270	1 174	678	8 765	0,2
1887	8 576	642	493	8 725	0,2
1888	9 550	454	422	9 582	0,2
1889	7 410	361	952	6 819	0,1
1890	7 799	163	243	7 720	0,2
1891	6 884	194	287	6 791	0,1
1892	7 680	419 443	358	7 742	0,2
1893	9 987	1 278	300	10 965	0,2
1894	10 584	732	252	11 064	0,3
1895	9 301	761	626	9 437	0,2
1896	9 319	1 307	315	10 311	0,2
1897	7 767	1 202	463	8 498	0,2
1898	6 893	1 116	210	7 799	0,2
1899	6 993	1 121	71	8 043	0,2
1900	7 125	605	107	7 623	0,2

Die Produktion und der Konsum von Kokons haben also, wie aus den angeführten Zahlen ersichtlich ist, nur so lange eine einigermaſsen befriedigende Entwickelung aufzuweisen gehabt, wie die Seidenindustrie durch die infolge des Zollkrieges mit der Schweiz hohen Schutzzölle geschützt war.

Zu der Seidenindustrie im engeren Sinne übergehend, mögen zunächst einige Bemerkungen über das Zollrégime derselben Platz finden.

Das Zolltarifgesetz vom 11. Januar 1892 weist im allgemeinen höhere Seidenzölle auf als die früheren Tarife und zeigt besonders eine starke Differenzierung, wodurch der Vergleich der neuen Seidenzölle mit den älteren Zöllen der Seide

[1] Annuaire statistique de la France 1900, p. 542.

sehr erschwert wird. Von den Rohstoffen sind die Florettgarne je nach der Feinheit und Zwirnung im Minimaltarif mit 75 bis 140 Frcs. pro hundert Kilogramm und im Generaltarif mit Zöllen von 95 bis 195 Frcs. belegt. Die gefärbten Garne haben noch einen Zuschlag von 50 bezw. 75 Prozent zu zahlen. Für Nähseide und andere Gespinste gilt der Satz von 300 bezw. 400 Frcs. Reinseidene Stoffe, Foulards, Tülle etc. zahlen 400 bezw. 600, Spitzen je nach der Feinheit 200 bis 500 (250 bis 650 im Generaltarif), mit Florettseide gemischte Seidenfabrikate 200 bezw. 250 und andere Halbseidenzeuge 300 bezw. 375 Frcs. Wirkereien und Fabrikate mit Feinmetall unterliegen besonders hohen Zöllen, nämlich 1200 bezw. 1500 Frcs.

Durch das Übereinkommen mit der Schweiz wurden im Jahre 1895 die Zölle für Seidengewebe im französischen Minimaltarif um fast 50 Prozent ermäſsigt. Die im Jahre 1897 in Kraft befindlichen Zölle betragen nach Silbermann [1] in den wichtigsten europäischen Staaten pro hundert Kilogramm und in Reichsmark nach den Minimaltarifen:

	Deutschland	Frankreich	Schweiz	Österreich-Ungarn	Italien	Ruſsland
Ouvrées	frei	300	6,0	frei	frei	794
Seidengewebe	600-800	160-320	12,8	400-800	480-960	5948
Halbseidengewebe	450	192-298	32,0	450	370-600	2379
Sammete	600	240	12,8	800	720-690	5948
Sammete, gemischt	450	240-298	12,8	600	560-800	2379
Bänder	800	320	80,0	800	800-1120	5948
Bänder, gemischt	450	320	48,0	450	480-760	2379
Gaze, Krepp etc.	1000	320	12,8	800	1200-1440	5948
Spitzen, Stickereien	600	320-400	12,8	800	1200-1440	5948
Tüll	250	320	80,0	800	1200-1440	5948
Sammetbänder	800	400	12,8	800	960-1200	5948
Posamenten	600	320	12,8	600	800-1120	5948
Gefärbte Retorpgarne	140	240	12,8	70	40	1111
Plüsch	600	240-400	12,8	800	720-960	5948
Seidenbeuteltuch	600	320	12,8	400	480	5948

Wie diese Übersicht zeigt, hatte, von der Schweiz abgesehen, Frankreich die niedrigsten Seidenzölle. Es ist aber zu beachten, daſs Frankreich bis 1895 höhere Seidenzölle hatte und erst durch die Schweiz zur Ermäſsigung derselben gezwungen wurde. Fragt man sich, wie sich die Seidenproduktion in Frankreich unter diesem Zollrégime entwickelte, so enthält man aus der amtlichen Statistik keinen Aufschluſs. Aller-

[1] Henri Silbermann, Die Seide, ihre Geschichte, Gewinnung und Verarbeitung, Bd. II S. 475.

dings findet man für die Lyoner Seidenindustrie, die wichtigste in ganz Frankreich, genaue Angaben in dem Jahresbericht der Handelskammer in Lyon (1899)[1]. Darnach betrug die Gesamtproduktion der Lyoner Seidenfabriken in den Jahren 1887 bis 1897:

	Francs		Francs
1887	377 150 000	1893	379 200 000
1888	383 350 000	1894	365 350 000
1889	402 000 000	1895	399 150 000
1890	384 950 000	1896	399 350 000
1891	357 600 000	1897	404 950 000
1892	382 400 000		

Hiernach kann man nicht behaupten, dafs die hohen Schutzzölle die Seidenproduktion besonders günstig beeinflufst hätten. Die Einfuhr von Seidengeweben war nicht beträchtlich, sie betrug im Spezialhandel:

1891	11 269 dz.	1896	8 790 dz.
1892	10 255 „	1897	9 575 „
1893	8 760 „	1898	9 334 „
1894	7 651 „	1899	11 452 „
1895	8 772 „	1900	10 864 „

Die Ausfuhr von Seidengeweben ist wenig gestiegen. Die Zahlen für die Ausfuhr von Seidengeweben im Spezialhandel sind:

1891	43 246 dz.	1896	42 178 dz.
1892	42 351 „	1897	47 886 „
1893	35 421 „	1898	42 942 „
1894	36 776 „	1899	45 149 „
1895	44 341 „	1900	43 028 „

Die Lage der französischen Seidenindustrie ist keine glänzende mehr. Allerdings steht die Lyoner Seidenindustrie für einzelne Muster noch unerreicht da; aber die Konkurrenz des Auslandes ist der französischen Seidenindustrie doch in erheblichem Mafse fühlbar geworden. Daher hat sich in den letzten Jahren eine starke Reaktion gegen die im Jahre 1895 erfolgten Ermäfsigungen der Seidenzölle geltend gemacht; eine Reaktion, die ihren Ausdruck gefunden hat in dem Gesetz vom 28. Februar 1899, durch welches die Zölle pro 100 Kilogramm auf 900 Frcs. im Minimaltarif und 1500 Frcs. im Generaltarif für Seidenwaren ostasiatischen Ursprungs erhöht worden sind. Die Erhöhung der Seidenzölle war aus dem Grunde erfolgt, weil die Konkurrenz Japans für Frankreich

[1] Compte rendu des travaux de la Chambre de Commerce de Lyon. 1899. p. 267.

dem letzten Jahrzehnt gefährlich geworden war. Die Seidenindustrie Japans hat sich in den letzten Jahrzehnten in staunenswerter Weise entwickelt.

Einige den amtlichen Drucksachen der Deputiertenkammer [1] entnommene statistische Angaben über die Entwicklung der japanischen Seidenindustrie werden von Interesse sein.

Die Ausfuhr Japans an Rohseide betrug:

1877 . . .	1 035 000 kg
1895 . . .	3 380 000 „

Die Ausfuhr Japans von Geweben aus reiner Seide bewertete sich:

	1887	1896
Taschentücher	1 146 000 yens	4 630 000 yens
Sonstige Seidengewebe .	135 000 „	7 694 000 „
	1 281 000 yens	12 324 000 yens

Ferner:

Produktion von Textilwaren in Japan.

Reine Seiden.

1886 . . .	6 835 450 yens
1890 . . .	12 632 738 „
1895 . . .	46 471 401 „

Gemischte Gewebe aus Seide und Baumwolle.

1886 . . .	2 501 597 yens
1890 . . .	5 306 354 „
1895 . . .	10 281 272 „

Die Vereinigten Staaten von Amerika haben angesichts der wachsenden japanischen Gefahr im Dingleytarif die Einfuhr von reiner Seide mit dem prohibitiven Zolle von 43 Frcs. pro Kilogramm belegt. Seitdem haben die japanischen Seidenwaren hauptsächlich in den europäischen Ländern ihre Abnehmer gesucht.

Auf Grund der angeführten Tatsachen wird man den Eindruck gewinnen, daſs die Zollreform vom Jahre 1892 im ganzen keinen günstigen Einfluſs auf die französische Seidenindustrie ausgeübt hat.

Zur Beurteilung der Tarifreform vom Jahre 1892 für die Baumwollindustrie in Frankreich mögen folgende Angaben dienen:

Der Konsum von Rohbaumwolle betrug in den Jahren 1884 bis 1900 [2]:

---

[1] Documents parlamentaires, 1898, annexe Nr. 514.
[2] Annuaire statistique de la France. 1900. p. 542.

Jahre	Einfuhr: Zum Verbrauch gelangte Mengen 1000 kg	Ausfuhr: Französische Waren 1000 kg	Konsum 1000 kg	Pro Kopf der Bevölkerung kg
1884	122 709	26 039	96 670	2,6
1885	131 778	23 726	108 053	2,8
1886	136 691	25 552	111 138	2,9
1887	154 873	33 897	120 976	3,1
1888	121 725	26 422	95 303	2,5
1889	143 418	19 545	123 872	3,2
1890	146 740	21 677	125 062	3,3
1891	176 344	21 930	154 414	4,0
1892	202 090	23 493	178 596	4,6
1893	163 974	26 366	137 608	3,6
1894	186 520	26 692	159 828	4,1
1895	178 035	36 816	141 219	3,7
1896	162 177	27 999	134 178	3,5
1897	216 457	27 391	189 066	4,9
1898	202 610	26 909	175 701	4,5
1899	202 816	28 034	174 782	4,5
1900	193 392	34 510	158 882	3,3

Der Konsum von Rohbaumwolle ist also in der Zeit nach dem Inkrafttreten des neuen Zolltarifs nicht unbedeutend gestiegen. Der auswärtige Handel der Baumwollenfabrikate gestaltete sich folgendermaſsen:

	Werte in Tausend Francs Einfuhr	Ausfuhr
1893	17 980	3 133
1894	16 709	2 640
1895	15 397	2 572
1896	14 356	3 314
1897	12 269	2 693
1898	8 935	2 825
1899	7 839	6 292
1900	13 461	4 860

Die Entwickelung der Ausfuhr von Baumwollengarnen ist demnach als eine zufriedenstellende zu bezeichnen.

Gewebe aus Baumwolle.

	Werte in Tausend Francs Einfuhr	Ausfuhr
1893	32 693	100 456
1894	32 878	113 047
1895	34 522	118 263
1896	37 872	131 455
1897	36 297	119 330

	Werte in Tausend Francs	
	Einfuhr	Ausfuhr
1898	37 561	128 738
1899	43 837	174 253
1900	47 034	152 411

Der Handel mit Geweben aus Baumwolle ist ein recht lebhafter geworden. Die Steigerung der Ausfuhr ist in einem für französische Verhältnisse ungewohnten Maſse eingetreten.

Zum Schluſs der Besprechung der wirtschaftlichen Entwickelung der französischen Textilindustrie sei auf folgende Statistik der in der Textilindustrie Frankreichs zur Anwendung kommenden Dampfkraft hingewiesen.

In der französischen Textilindustrie betrug die Dampfkraft der benutzten Maschinen in Pferdekräften[1]:

1884	139 341
1885	147 164
1886	151 338
1887	153 581
1888	156 687
1889	163 580
1890	172 999
1891	185 646
1892	200 249
1893	217 552
1894	233 308
1895	254 798
1896	279 506
1897	295 639
1898	315 190
1899	355 870
1900	408 241

Diese Statistik beweist jedenfalls die Tatsache, daſs von 1892 an eine schnellere Vermehrung der vorhandenen Pferdekräfte eingetreten ist als in der Zeit vor der Tarifreform. Diese Vermehrung der Dampfkraft ist ein sicheres Zeichen industriellen Fortschritts, und angesichts dieser Zahlen wird man zu einer im ganzen günstigen Beurteilung der Entwickelung der französischen Textilindustrie gelangen.

Nach der Textilindustrie kommt mit Rücksicht auf die Anzahl der in ihr beschäftigten Personen die Minenindustrie. Die Untersuchung der wirtschaftlichen Entwickelung der französischen Minenindustrie muſs eine wertvolle Handhabe bieten zur Beurteilung der gesamten industriellen Entwickelung Frank-

[1] Annuaire statistique de la France 1900, p. 496.

reichs. Die wichtigste Frage, deren Beantwortung hier notwendig ist, ist die nach der Produktion und Konsumtion der Kohle, des Stoffes, der nicht mit Unrecht als das „Brot der Industrie“ bezeichnet wird. Die Antwort auf diese Frage gibt die nachstehende Tabelle[1]:

Produktion, Überschuſs der Einfuhr über die Ausfuhr und Konsum von Kohle in Frankreich 1884—1900.

Jahre	Inländische Produktion Tausend Tonnen	Netto-Einfuhr Tausend Tonnen	Gesamtkonsum Tausend Tonnen
1884	19 527	10 486	30 013
1885	19 069	9 788	28 857
1886	19 454	8 862	28 316
1887	20 810	8 964	29 774
1888	22 172	8 797	30 969
1889	23 852	8 052	31 904
1890	25 592	9 470	35 062
1891	25 502	9 660	35 162
Durchschnitt 1884/91	21 997	9 260	31 257
1892	**25 697**	**9 481**	**35 178**
1893	25 173	9 250	34 423
1894	26 964	9 458	36 422
1895	27 583	8 999	36 582
1896	28 750	9 070	37 820
1897	30 337	9 241	39 578
1898	31 826	9 072	40 898
1899	32 862	10 602	43 464
1900	33 270	13 394	46 664
Durchschnitt 1893/1900	29 596	9 886	39 481
Unterschied der beiden Perioden	+ 7 599	+ 626	+ 8 224

Diese Statistik deutet allerdings nicht auf einen groſsartigen Aufschwung der die Kohle verbrauchenden Industrien hin, sondern zeigt lediglich eine ruhige gleichmäſsige Entwickelung derselben an. Immerhin aber beweist diese Tabelle, daſs die Tarifreform vom Jahre 1892 eine derartige Entwickelung nicht verhindert hat. Für die Beurteilung der Wirkungen der Tarifreform vom Jahre 1892 auf die industrielle Entwickelung Frankreichs ist ferner von Bedeutung die Gestaltung der Eisen- und Stahlproduktion Frankreichs. Hierfür liefert die amtliche Statistik einige Angaben[2].

[1] Discours de M. Thery, op. cit. p. 18.
[2] Annuaire statistique de la France 1900, p. 493.

Französische Eisen- und Stahlproduktion von 1884—1900.

Jahre	Gufseisen					Eisen u. Stahle		Andere Metalle
	Zahl der Hochöfen		Produktion	Preis	Wert	Produktion	Wert	
	Coaksöfen	Andere	Tausend Tonnen	Francs	Tausend Francs	Tausend Tonnen	Tausend Francs	Tausend Tonnen
1884	137	31	1 872	75	139 826	1 380	295 112	23 984
1885	106	26	1 631	62	100 684	1 336	254 990	20 417
1886	92	16	1 517	55	83 716	1 221	220 766	18 649
1887	89	12	1 568	57	89 684	1 265	225 674	19 139
1888	94	12	1 683	57	95 686	1 334	240 343	20 898
1889	106	10	1 734	61	106 508	1 338	257 509	29 921
1890	110	9	1 692	70	137 620	1 407	298 728	30 476
1891	109	9	1 897	65	124 136	1 472	315 218	30 740
1892	101	6	2 057	61	124 869	1 511	331 784	38 613
1893	100	6	2 003	58	116 735	1 472	307 072	40 444
1894	93	6	2 069	57	118 002	1 459	298 452	37 782
1895	92	7	2 003	55	111 322	1 470	300 447	37 056
1896	99	8	2 339	56	132 238	1 744	335 908	40 688
1897	104	7	2 484	58	145 605	1 779	354 260	43 689
1898	104	7	2 525	63	159 292	1 940	401 323	49 965
1899	105	8	2 578	72	186 710	2 074	478 215	58 922
1900	111	13	2 714	82	221 594	1 935	512 232	54 165

Auch hier zeigt sich eine langsame aber kontinuierliche Entwicklung. Natürlich kann die französische Eisen- und Stahlproduktion in keiner Weise einen Vergleich mit der englischen und der deutschen aushalten. Aber die glänzende Entwickelung in diesen beiden Ländern kann nicht zum Beweise dafür herangezogen werden, dafs das Schutzzollsystem in Frankreich geschadet habe, da ja Deutschland unter dem schutzzöllnerischen Régime den grofsartigen Aufschwung aufweist.

Einen guten Einblick in die Entwickelung der französischen Industrien erhält man durch die Tabelle auf Seite 94, welche eine Übersicht über die Vermehrung der in der Industrie benutzten Dampfkraft gibt[1].

Das Studium dieser Tabelle bestätigt die schon durch die vorhergehenden statistischen Zusammenstellungen dieses Kapitels gewonnene Ansicht von einer kontinuierlichen, langsamen Entwickelung der französischen Industrie. Die Zeit nach der Tarifreform vom Jahre 1892 zeigt überall einen Fortschritt gegenüber der Periode vor 1892.

[1] Annuaire statistique de la France 1900, p. 496.

Benutzung der Dampfkraft in Frankreich 1884—1900.

Jahre	Zahl der Betriebe mit Dampfmaschinen	In der Industrie benutzte Dampfmaschinen		Stärke der verwandten Pferdekräfte der in folgenden Industrien vorhandenen Dampfmaschinen									Tausend Pferdekräfte	
		Zahl	Tausend Pferdekräfte	Minen	Metallurgie	Landwirtschaft	Nahrungsmittel-	Chemische	Textil	Papier etc.	Baugewerbe etc.	im Staatsbesitz	der Lokomotiven auf den Eisenbahnen u. Tramwagen	der Bewegungsmaschinen auf Transport- u. Schleppschiffen
1884	40 512	50 252	683	101 343	148 889	58 020	94 215	34 307	139 341	31 089	59 762	16 124	3 344	469
1885	41 274	50 979	695	102 274	146 688	65 736	92 062	34 675	147 164	31 527	57 781	17 050	3 290	493
1886	42 571	52 471	718	101 661	147 904	74 718	94 455	36 109	151 338	32 696	62 249	16 588	3 293	529
1887	43 711	54 034	748	111 155	152 876	78 740	97 875	37 305	153 581	33 654	66 624	16 646	3 365	531
1888	44 617	55 435	775	116 772	155 133	80 515	99 782	39 661	156 687	34 887	72 690	18 584	3 452	523
1889	45 467	56 865	818	125 535	160 056	84 029	103 286	41 224	163 580	35 893	82 002	22 785	3 550	577
1890	46 671	58 751	863	130 273	167 584	88 932	106 167	42 323	172 999	37 632	91 416	25 681	3 657	591
1891	46 828	58 967	916	143 076	175 070	90 617	110 295	46 840	185 646	38 155	98 902	27 488	3 739	636
1892	47 709	60 393	966	151 193	178 063	95 234	114 940	48 236	200 249	41 137	107 252	29 587	3 874	653
1893	49 035	62 226	1 624	162 537	186 076	97 934	120 591	52 473	217 552	42 951	113 170	30 735	3 955	673
1894	50 180	63 518	1 072	168 508	191 020	101 301	124 661	54 517	233 308	45 744	121 535	31 868	4 045	692
1895	51 458	65 595	1 163	174 053	214 427	106 575	128 810	57 489	254 798	49 599	134 393	43 061	4 135	725
1896	52 971	67 347	1 263	179 652	226 689	111 123	136 127	59 850	279 506	55 099	169 272	45 370	4 177	735
1897	54 107	68 743	1 330	184 859	239 736	113 639	139 395	63 069	295 639	58 091	189 220	46 818	4 245	768
1898	55 063	70 755	1 441	157 262	260 811	120 458	150 867	66 447	315 190	62 649	217 374	50 278	4 419	792
1899	56 136	73 091	1 647	234 398	297 698	128 888	179 052	76 594	355 870	66 087	255 925	52 429	5 489	806
1900	57 306	74 366	1 791	277 178	314 174	132 581	186 608	80 400	408 241	70 014	273 601	48 557	5 738	836

Zum Schlufs sei noch auf die Konkursstatistik hingewiesen, deren Ergebnisse die obigen Ausführungen bestätigen. Nach der amtlichen Statistik gelten für die in den Jahren 1888—1897 in Frankreich angemeldeten Konkurse folgende Zahlen[1]:

Konkurse.

Jahre	Im Laufe des Jahres eröffnet	Beendet im Laufe des Jahres		
		Anzahl	Betrag in Tausend Francs	
			der Aktiva	der Passiva
1888	7 754	3 726	103 489 897	390 326 644
1889	6 819	3 444	118 500 551	470 916 347
1890	6 052	3 074	262 514 299	544 300 292
1891	5 826	2 702	159 967 325	326 346 160
1892	5 882	2 621	51 589 533	290 649 770
1893	6 001	2 475	94 770 971	311 873 060
1894	6 305	2 656	195 010 437	422 665 048
1895	6 033	2 711	75 749 166	329 636 770
1896	6 061	2 785	58 716 931	239 232 137
1897	6 467	2 757	46 832 408	201 618 856

Im Anschlufs an die Untersuchung über die Wirkungen des schutzzöllnerischen Régimes auf die industrielle Entwickelung Frankreichs sei noch auf eine Statistik, die mit den vorhergehenden Ausführungen zusammenhängt, hingewiesen, nämlich auf die Statistik der Einnahmen der Eisenbahnen.

Die Einnahmen der Eisenbahnen betrugen in Tausend Francs[2]:

1885	1 058 097	1893	1 204 643
1886	1 036 106	1894	1 233 979
1887	1 060 543	1895	1 263 562
1888	1 080 655	1896	1 297 642
1889	1 159 368	1897	1 337 864
1890	1 153 618	1898	1 383 602
1891	1 184 942	1899	1 421 385
1892	1 183 422		

Auch hier zeigen die letzten Jahre eine nicht unbedeutende Steigerung der Einnahmen. Sie beweisen ebenfalls, dafs die Zeit nach 1892 gegenüber den Jahren vor der Tarifreform als volkswirtschaftlich günstiger anzusehen ist.

---

[1] Annuaire statistique de la France 1900, p. 487.
[2] Ebenda p. 501.

Zehntes Kapitel.

Loi du cadénas.

Das künstliche und komplizierte Schutzsystem, welches die Wirtschaftspolitik Frankreichs in der neuesten Zeit errichtet hat, ist durch eine charakteristische Vorsichtsmafsregel ergänzt worden, nämlich durch den Erlafs eines besonderen „Sperrgesetzes: loi du cadénas", die etwas lebhafte Bezeichnung „cadénas" (Sperrschlofs) ist die französische Übersetzung des italienischen „catenaccio". Nach dem italienischen Recht treten in allen Zoll- und Steuerangelegenheiten neue Abgaben durch königliche Verordnung, die von einem oder mehreren Ministern gegengezeichnet sein müssen, sofort in Kraft. Die Verordnung bedarf der nachträglichen Genehmigung der Kammern. Die Italiener pflegen zu sagen, dafs die Regierung auf diese Weise dem Zollamte ein „catenaccio" anhängt.

Derartige Sperrvorschriften existieren nicht nur in Italien, sondern kommen, wenigstens dem Prinzipe nach, in den Gesetzgebungen verschiedener Länder vor. In Schweden z. B. können die Zölle für Cerealien durch einfache Verordnung abgeändert werden. In Deutschland bestimmt Art. 1 des Reichsgesetzes vom 18. Mai 1895: „Zollpflichtige Waren, welche aus Staaten herkommen, welche deutsche Schiffe oder deutsche Waren ungünstiger behandeln als diejenigen anderer Staaten, können, soweit nicht Vertragsbestimmungen entgegenstehen, mit einem Zuschlag bis zu 100 Prozent des Betrages der tarifmäfsigen Eingangsabgabe belegt werden. Tarifmäfsig zollfreie Waren können unter der gleichen Voraussetzung der Entrichtung eines Zolles in Höhe bis zu 20 Prozent des Wertes unterworfen werden. — Die Erhebung eines solchen Zuschlages bezw. Zolles wird nach erfolgter Zustimmung des Bundesrates durch kaiserliche Verordnung angeordnet."

In der Schweiz kann der Bundesrat auf Grund des Art. 35 des Zollgesetzes vom 28. Juni 1893 die Zölle für Waren aus den Ländern, die nicht mit der Schweiz im Meistbegünstigungsverhältnis stehen oder welche die schweizerischen Erzeugnisse mit besonders hohen Zöllen belegen, erhöhen. Aufserdem kann der Bundesrat in aufsergewöhnlichen Fällen zeitweise Änderungen des Tarifs vornehmen. Allerdings müssen diese Mafsnahmen nachträglich von den Parlamenten genehmigt werden.

Am weitgehendsten in dieser Hinsicht ist das Recht der Regierung in England. Dort kann der Schatzkanzler, sobald die Regierung einen Zoll oder eine Steuer erheben will, die provisorische Anwendung des neuen Zolles verordnen. In Frankreich hatte die Regierung auf Grund des Gesetzes vom 29. florial des Jahres X das Recht, provisorische Zölle auf dem Verwaltungswege zu ändern. Die Änderungen mufsten auch in Frankreich von den gesetzgebenden Körperschaften nachträglich genehmigt werden. Dieselbe Bestimmung wurde auch in dem Gesetze vom 15. Juni 1861 wesentlich eingeschränkt. Letzteres Gesetz hob dieses Recht der Regierung für die meisten Nahrungsmittel, besonders für Getreide und Mehl, auf. Für die anderen Waren blieb dasselbe jedoch bestehen. Endlich wurde dieses Gesetz vom Jahre 1861 durch das Gesetz vom 29. März 1887 modifiziert. Dieses Gesetz, welches den Getreidezoll auf 5 Frcs. erhöhte, bestimmte im Art. 1, Abs. 2: „In Ausnahmefällen und wenn der Brotpreis eine die Volksernährung bedrohende Höhe erreicht, kann die Regierung in Abwesenheit der Kammern die Wirkungen dieses Gesetzes ganz oder teilweise durch eine Verordnung des Präsidenten der Republik suspendieren. Den Kammern ist dann nachträglich die Verordnung zu unterbreiten."

Der Zweck der oben angeführten gesetzlichen Vorschriften ist in allen Ländern derselbe, wenn auch diese selbst verschieden gehalten sind, teils allgemeine Geltung haben, teils nur bestimmte Fälle treffen. Immer jedoch soll die Wirksamkeit der am Tarif vorgenommenen Änderungen erreicht werden.

Auch in Frankreich hatte man die Erfahrung gemacht, dafs sofort nach der Einbringung eines auf Zollerhöhung irgend eines Artikels abzielenden Gesetzentwurfs die Spekulation einsetzte und durch Anhäufung von Warenmengen weit über den gewöhnlichen Bedarf hinaus die zollpolitischen Mafsnahmen für eine längere Zeit völlig unwirksam machte.

Der erste Versuch, der Spekulation entgegenzutreten, wurde von dem Deputierten Cazes unternommen, welcher am 16. Januar 1894 einen Gesetzesvorschlag einreichte, der wenigstens die damals in der Vorbereitung befindliche Erhöhung des Getreidezolles auf 7 Frcs. wirksam machen sollte. Ihrerseits brachte die Regierung fast gleichzeitig mit dem Gesetzentwurfe betreffend die Erhöhung der Getreidezölle ein zweites Projekt ein, welches ihr das Recht gab, sofort nach der Deponierung eines Gesetzentwurfs, der auf eine Erhöhung der Cerealienzölle abzielte, die geplanten Zölle provisorisch in Kraft zu setzen. Im Falle der Nichtannahme der Zollerhöhungen, oder bei geringeren Zollsteigerungen sollte der zuviel gezahlte Zoll den Importeuren zurück bezahlt werden. Dieser Regierungsentwurf, der von seinen Gegnern die etwas sensationelle Bezeichnung „loi du cadenas“ erhielt, wurde nur deshalb im Jahre 1894 nicht zur Verhandlung gestellt, weil er zu spät eingebracht war, und man vor allen Dingen nicht mehr länger mit der Getreidezollerhöhung warten wollte. Die Einfuhr hatte schon so lange gedauert, daſs es jetzt zu spät geworden war, hindernd einzugreifen.

Die Freunde des „cadenas“ in der Zollkommission sorgten aber dafür, daſs dieses Projekt nicht fallen gelassen wurde. Die Zollkommission vernahm Interessenten der Landwirtschaft, der Industrie und des Handels. Alle Vertreter der Industrie und des Handels, die vor der Zollkommission ihre Meinung äuſsern konnten, sprachen sich gegen das geplante Sperrgesetz aus; sie hoben hervor, daſs das Gesetz die Kaufleute hindern würde, Termingeschäfte abzuschlieſsen, und daſs der Handel vollständig jedem Ministerium preisgegeben sei; die Landwirte dagegen verteidigten energisch dieses Projekt.

Sperrgesetze haben ihre Licht- und Schattenseiten. Die Gegner behaupten, praktisch lieſsen sie sich nicht durchführen, da immer Indiskretionen vorkämen, und die Spekulation nicht beseitigt werden würde, sondern nur einer beschränkteren Anzahl möglich sein würde. Die Konsumenten würden vom Augenblicke der Deponierung eines auf Zollerhöhung abzielenden Gesetzentwurfs an den Mehrzoll zu zahlen haben. Die versprochene Rückvergütung im Falle des Nichtzustandekommens des Gesetzes sei wertlos, da die Ware durch verschiedene Hände gegangen sei, und daher meistens die Rückzahlung denen gemacht würde, die sie nicht verdient hätten.

Für die Kaufleute und Industriellen ist die Stabilität der Tarife ein wichtiges Erfordernis. Mit dem System des „cadenas“ nun würden Tarifänderungen leichter möglich sein und öfter eintreten.

Diese Einwände sind sicher übertrieben. Daſs mehr Indiskretionen vorkämen als ohne ein solches Sperrgesetz, ist unwahrscheinlich. Man kann doch auch wohl der Regierung das Vertrauen schenken, daſs in dieser Hinsicht nichts Ungehöriges geschieht. Die Spekulation kann durch ein solches Gesetz entschieden gehindert werden. Daſs auf diese Weise eine Überfüllung des Marktes vermieden wird, ist sicher im Interesse der Landwirtschaft wünschenswert. Die Konsumenten werden allerdings sofort nach der Deponierung eines Gesetzentwurfs über Zollerhöhungen unter der eintretenden Preissteigerung zu leiden haben. Aber dies geschieht bekanntlich auch ohne Sperrgesetze. Sogleich nach der Ankündigung von Zollerhöhungen pflegen die Preise der betreffenden Produkte zu steigen.

Man mufs auch berücksichtigen, dafs nur in den allerseltensten Fällen, ganz besonders in Frankreich, eine von der Regierung vorgeschlagene Zollerhöhung von den Parlamenten abgelehnt wird. Daher ist auch die Schwierigkeit, die bei der Zurückzahlung des zuviel erhobenen Zolles gewifs vorhanden ist, nicht zu überschätzen. Das Sperrgesetz hat auch nicht den Zweck, Tarifänderungen leichter möglich zu machen, sondern nur den, sie wirksamer zu gestalten. Im übrigen betraf der Gesetzentwurf doch nur die landwirtschaftlichen Produkte. Die Mühlenindustrie besitzt das Mittel der zollfreien Einfuhr, sie kann das Getreide zollfrei einführen und in Mehlform wieder exportieren. Wenn auch einige kommerzielle Interessen geschädigt werden, so wiegen sie doch die Vorteile nicht auf, die durch das Sperrgesetz der Landwirtschaft zu gute kommen. Man mufs auch berücksichtigen, dafs die Kaufleute nur den Nutzen verlieren, der ihnen aus der Langsamkeit der gesetzgeberischen Arbeit entstehen würde.

Für die Freunde des „cadenas" waren vor allem die in den letzten Jahren bei der Getreidezollpolitik gemachten Erfahrungen ausschlaggebend. Letztere waren in der Tat derart, dafs den konsequenten Schutzzöllnern eine Abschaffung der eingetretenen Mifsbräuche als unbedingt notwendig erscheinen mufste.

Wie sehr die Spekulation die Wirkung der Zollerhöhungen zu beeinträchtigen vermag, ersieht man aus nachstehenden Zahlen: Im Januar 1884, der der Getreidezollerhöhung von 1885 vorhergehenden Zeit, betrug die Getreideeinfuhr in Frankreich 724 000 Dz. In dem der Getreidezollerhöhung folgenden Jahre, 1886, betrug die Einfuhr von Getreide während des Monats Januar 428 000 Dz. Im Januar 1885 dagegen, als nach dem Kommissionsberichte von Graux und nach den in der Öffentlichkeit bekannt gewordenen Ansichten eine feste Mehrheit der Deputierten in der Kammer als sicher vorhanden anzusehen war, und die Zollerhöhung zweifellos schien, erreichte die Getreideeinfuhr die Höhe von 1 152 635 Dz. Im Februar 1885 fand die Diskussion der Getreidezollerhöhungen statt, und in diesem Monate wurden 1 135 000 Dz. eingeführt, während die Getreideeinfuhr im Februar 1884 und 1886 nur 740 000 bezw. 675 000 Dz. betrug. Aufserdem kam noch aus den zollfreien Niederlagen eine grofse Menge Getreide auf den französischen Markt.

Dasselbe beweisen die anläfslich der Getreidezollerhöhung des Jahres 1887 gemachten Erfahrungen.

Am 13. Januar 1887 beschlofs die Deputiertenkammer, dafs der Gesetzentwurf betreffend Erhöhung des Getreidezolles bald zur Diskussion gestellt werden sollte. Bei der bekannten schutzzöllnerischen Mehrheit der gesetzgebenden Körperschaften war ein Scheitern des Gesetzentwurfs ausgeschlossen, und die Spekulation mufste sicher gelingen. Am 29. März 1887 wurde das Gesetz, welches den Getreidezoll auf 5 Frcs. erhöhte, promulgiert.

Die Einfuhr von Getreide betrug:

	Januar	Februar	März
1886 . .	428 000 hl	675 000 hl	493 000 hl
1887 . .	787 000 „	1 486 000 „	655 000 „
1888 . .	657 000 „	591 000 „	780 000 „

Im Februar 1887 kamen aufserdem noch 1 Million Dz. Getreide aus den zollfreien Niederlagen auf den französischen Markt.

Nachdem die französichen Schutzzöllner solche Erfahrungen gemacht hatten, wurde der Regierungsentwurf, der ein Sperrgesetz für alle Waren einführen wollte, in weiten Kreisen sympathisch begrüfst.

Die Regierung hatte einen Gesetzentwurf eingereicht, der die Anwendbarkeit des „cadenas“ auf alle Waren erstrecken wollte. Die Zollkommission hatte diese aber auf die landwirtschaftlichen Produkte beschränkt, um nicht eine zu grofse Unsicherheit in Industrie und Handel hineinzutragen. Nicht auf dem Verwaltungswege, durch besondere Verordnungen, wie es die Regierung vorgeschlagen hatte, sondern durch die einfache Deponierung eines auf Zollerhöhung für landwirtschaftliche Produkte abzielenden Gesetzentwurfs, sollten nach dem Kommissionsentwurfe die erhöhten Zölle provisorisch erhoben werden.

Die Diskussion des Loi du cadenas in der Deputiertenkammer war ziemlich heftig, führte aber am 9. Juli 1897 zur Annahme des Kommissionsentwurfs (425 gegen 110 Stimmen). Der Senat erklärte sich am 10. Dezember 1897 ebenfalls mit dem Gesetz einverstanden, so dafs dasselbe am 14. Dezember 1897 veröffentlicht werden konnte.

Das Gesetz vom 13. Dezember 1897 ist die Konsequenz der in Frankreich zur Anwendung gelangten Schutzzollpolitik. Es verleiht der Regierung das Recht, die von ihr durch einen Gesetzentwurf geforderten Zollerhöhungen für Getreide und Erzeugnisse daraus, Wein, Vieh oder frisches Schlachtfleisch provisorisch in Kraft zu setzen. Die genannten Waren behalten indessen Anspruch auf die Zölle des alten Tarifs, wenn der Nachweis geführt wird, dafs sie vor der Einbringung des Gesetzentwurfs direkt nach einem französischen Hafen verschifft oder direkt aus Europa mit der Bestimmung nach Frankreich versandt werden.

Art. 3 des Gesetzes bestimmt, dafs der provisorisch erhobene und beim Zollamt hinterlegte Mehrbetrag des Zolles der Staatskasse erst nach Annahme des Gesetzes endgültig zu überweisen ist. Wird der Regierungsentwurf zurückgezogen oder von den Kammern abgelehnt oder nur teilweise angenommen, so mufs die Differenz zwischen dem erhobenen und dem rechtmäfsig beibehaltenen oder eingeführten Zoll den Deklaranten erstattet werden.

Zum ersten Male angewandt wurde das Gesetz im Jahre 1898 bei der Erhöhung der Wein- und Traubenzölle.

Elftes Kapitel.

Die Anwendung der französischen Schutzzollpolitik auf die Kolonien Frankreichs.

Frankreich ist die zweitgröfste Kolonialmacht der Erde. Sein Kolonialbesitz umfafste im Jahre 1897 mit Ausschlufs von Algerien und Tunesien 9368876,93 qkm und wies eine Bevölkerung von 52642930 Seelen auf. Wie hat Frankreich seine kommerziellen Beziehungen zu seinen Kolonien und Besitzungen geregelt? Die Beantwortung dieser Frage erscheint notwendig, um das Bild von der französischen Handelspolitik zu vervollständigen. Frankreich hat seine Politik gegenüber seinen Kolonien und Besitzungen nach den je zeitweilig als richtig geltenden Anschauungen verschieden gestaltet, es ist nach drei Systemen verfahren, die auch mehr oder minder ausgeprägt von den meisten Kolonialmächten angewendet worden sind. Diese drei Systeme sind das der unbedingten Unterwerfung der Kolonien, das der Selbstverwaltung und endlich das der vollkommenen Anpassung der Kolonien an das Mutterland [1].

Auf dem Prinzip der unbedingten Unterwerfung der Kolonien unter das Mutterland hatte der nunmehr der Geschichte angehörende „Kolonialpakt" beruht, der es den Kolonien unmöglich machte, mit dem Auslande Handelsbeziehungen zu unterhalten. Der Kolonialpakt war bis 1869 für das Verhältnis Frankreichs zu seinen Kolonien mafsgebend. Das zweite System, das der autonomen Zollverwaltung, folgte auf dieses starre Verbindungsglied Frankreichs mit seinen Kolonien. Bei dem System der autonomen Zollverwaltung der Kolonien kann das Mutterland seine Produkte in die Kolonien zu den von diesen aufgestellten Zöllen einführen. Dieses liberale System ist in seiner vollen Bedeutung von Frankreich nicht angewandt worden, in der freihändlerischen Ära der

[1] Arthur Girault: Le nouveau régime douanier des colonies et ses résultats; Revue d'Economie politique 1894, p. 854.

sechziger Jahre wurde nur ein wichtiger Schritt in der Richtung zu einer auf diesem System beruhenden Kolonialpolitik getan.

Der Senatskonsult vom 4. Juli 1866 verlieh im Artikel zwei den Generalräten der Antillen und von Réunion das Recht, ihre Tarife selbst zu bestimmen. Diese Kolonien durften aber nicht die Einfuhr von französischen Produkten mit Zöllen belegen, vielmehr nur ein Seeoctroi einführen, dem die französischen Erzeugnisse in gleicher Weise wie die der anderen Länder unterworfen sein sollten. Trotz der liberalen Form des Senatskonsults vom Jahre 1866 war die hierdurch den Kolonien gewährte Autonomie eine beschränkte. Die Generalräte der Kolonien, die durchweg wünschten, die Waren aus dem Auslande möglichst billig zu erhalten, und die noch keine eigenen Industrien zu schützen hatten, halfen sich nun dadurch, daſs sie alle Zölle für ausländische Produkte aufhoben und an deren Stelle einen wesentlich erhöhten Seeoctroitarif setzten. So verfuhr zuerst Martinique im Jahre 1867, dann im Jahre 1868 Guadeloupe und 1873 auch Réunion.

Mit diesem Vorgehen der Kolonien war aber das Mutterland nicht einverstanden. Die französische Regierung zwang die Kolonien im Interesse der französischen Industrien, ihre Zolltarife wieder einzuführen. Die Kolonien muſsten sich dem Willen des Mutterlandes fügen, und Guadeloupe führte 1884, Réunion und Martinique im Jahre 1885 wieder schutzzöllnerische Tarife für ausländische Produkte ein. Während der kurzen Periode, in welcher die französischen Produkte in den Kolonien keinen Schutz mehr genossen, hat die französische Ausfuhr nach den Kolonien stark gelitten.

Einen interessanten Einblick in die Wirkungen des Senatkonsults von 1866 für das Mutterland geben folgende Zahlen.

Im Jahre 1865 hatten die drei alten französischen Kolonien Martinique, Guadeloupe und Réunion aus dem Mutterlande eingeführt:

Martinique . . .	17 334 908	Frcs.,
Guadeloupe . .	12 890 732	„
Réunion . .	14 431 133	„
Zusammen	44 656 773	Frcs.

In demselben Jahre betrug der Handel dieser Kolonien mit dem Auslande:

Martinique . . .	9 963 492	Frcs.,
Guadeloupe . .	3 819 161	„
Réunion . . .	12 010 051	„
Zusammen	25 792 704	Frcs.

Im Jahre 1880 dagegen gestaltete sich das Verhältnis der Einfuhr aus dem Mutterlande und aus dem Auslande folgendermaſsen:

	Einfuhr aus Frankreich.	Aus anderen Ländern.
Martinique . .	14 037 000 Frcs.,	17 327 405 Frcs.,
Guadeloupe . .	11 631 849 „	13 624 629 „
Réunion . . .	9 198 643 „	24 755 078 „
	34 867 492 Frcs.	55 707 112 Frcs.

Aus diesen Zahlen ersieht man, wie sehr Frankreich nach dem Senatskonsult vom Jahre 1866 auf dem Markte seiner Kolonien vom Auslande verdrängt worden ist. Vom Standpunkte der Interessen des Mutterlandes erscheint es daher begreiflich, daſs eine Steigerung der französischen Ausfuhr nach diesen Kolonien sowie die Einschränkung der ausländischen Konkurrenz von der französischen Industrie verlangt wurde. Die erste Folge dieser Forderung war die Wiederherstellung der Zolltarife in den Kolonien gewesen, aber diese genügte nicht. In Frankreich wollte man eine noch engere Anschlieſsung der Kolonien an das Mutterland. Man verlangte die Regelung der kommerziellen Beziehungen Frankreichs mit seinen Kolonien nach dem Prinzipe der vollständigen Anpassung (assimilation). Bei dem System der vollständigen Anpassung zahlen die ausländischen Produkte bei der Einfuhr in die Kolonien dieselben Zölle wie bei der Einfuhr in das Mutterland. Auſserdem setzt dieses Prinzip voraus, daſs zwischen dem Mutterland und den Kolonien und zwischen den einzelnen Kolonien Zollfreiheit herrscht. Die vollständige Anpassung in diesem Sinne wurde zuerst auf Algerien angewandt, durch den Artikel 10 des Finanzgesetzes vom 29. Dezember 1884. Algerien ist seit der Zeit eine französische Provinz geworden. Auf Grund des Artikels 47 des Finanzgesetzes vom 27. Februar 1887 wurde die Anpassung auch auf Indochina ausgedehnt.

Mit der Neugestaltung der Handelspolitik Frankreichs im Jahre 1892 erfolgte auch die Neuregelung der Zolltarifverhältnisse der französischen Kolonien. Das Zollgesetz vom 11. Januar 1892 teilt die französischen Kolonien in zwei klar geschiedene Kategorien, in diejenigen, auf welche das Prinzip der Anpassung Anwendung findet und in die übrigen. Die assimilierten Kolonien sind: Martinique, Guadeloupe und Dependenzen, Saint-Pierre und Miquelon, Guyane, Gabou, Mayotte, Réunion, Französisch Indochina und Neu Caledonien. (Algerien wird nicht als eine Kolonie betrachtet. Tunesien und Madagaskar haben eine autonome Zollgesetzgebung, auf welche die französische Regierung wenig Einfluſs hat.)

Das Zolltarifgesetz vom 11. Januar 1892 gewährt im Prinzip keine Vergünstigungen den französischen Gebieten an der westafrikanischen Küste (mit Ausnahme von Gabun); Tahiti und dessen Dependenzen, die französischen Besitzungen in Ostasien, Obok, Diego-Suarez, Nossi-Bé und Sainte Marie de Madagaskar. Der Artikel 3 dieses Zolltarifgesetzes bestimmt ferner: „Befreiungen und Nachlässe können aufserdem anderen Natur- oder Gewerbserzeugnissen der vorgenannten Besitzungen gemäfs dem Verzeichnis gewährt werden, welches für jede derselben durch Beschlufs des Staatsrates festgestellt werden wird. Die Natur- und Erwerbserzeugnisse dieser Besitzungen, die bei der Einfuhr nach Frankreich keine Befreiung oder keinen Nachlafs geniefsen, unterliegen den Zöllen des Minimaltarifs."

Am wichtigsten für Frankreich sind natürlich die durch das neue Zolltarifgesetz assimilierten Kolonien. Das Gesetz vom 11. Januar 1892 regelt die Beziehungen des Mutterlandes zu den assimilierten Kolonien unter folgenden Gesichtspunkten:

1. Im Prinzip bezahlen die in diese Kolonien eingeführten ausländischen Erzeugnisse die im Tarif des Mutterlandes vorgesehenen Zölle.
2. Die aus dem Mutterlande oder einer assimilierten Kolonie stammenden Produkte gehen zollfrei ein; jedoch kann von ihnen ein Seeoctroi erhoben werden.
3. Die aus einer assimilierten Kolonie stammenden Produkte geniefsen im Mutterlande Zollfreiheit. Ausgenommen von dieser Vergünstigung sind im Interesse der heimischen Produktion: Zucker, Sirope und Bonbons, Biskuitts, Konfituren und Früchte aller Art, und mit Rücksicht auf die französischen Finanzen: Kakao, Kaffee, Pfeffer, Vanille u. s. w. Alle angeführten Waren haben bei der Einfuhr in Frankreich die Hälfte der im Minimaltarif vorgesehenen Zölle zu entrichten.

Das Zolltarifgesetz vom 11. Januar 1892 hat ferner den Kolonien das Recht genommen, die Produkte des Auslandes nach eigenem Ermessen mit Zöllen zu belegen oder sie zollfrei zuzulassen.

Natürlich war es nicht angängig, ohne weiteres den Mutterlandstarif auf die in den verschiedensten wirtschaftlichen Verhältnissen sich befindenden Kolonien anzuwenden. Daher enthält das Zolltarifgesetz vom 11. Januar 1892 im Artikel 3 Absatz 4 folgende Milderung: „Verordnungen in Form von Verwaltungsreglements, die auf den Bericht des Ministers für Handel und Gewerbe in Kolonien und nach Einholung des Gutachtens der Generalräte oder Verwaltungsräte der Kolonien erlassen werden, haben die Erzeugnisse zu bestimmen, welche, abweichend von der vorstehenden Vorschrift, Gegenstand einer besonderen tarifarischen Behandlung sein sollen. Die Absätze 1 und 3 des gegenwärtigen Artikels erlangen für jede Kolonie erst Gültigkeit, nachdem das in Absatz 4 vorgesehene Reglement erlassen ist, ohne dafs indessen diese Bestimmung ihre Wirkung über die Frist von einem Jahre hinaus erstrecken darf. Jedoch kann die Regierung an den Begünstigungen der Tabelle sofort im ganzen oder teilweise diese Kolonien teilnehmen lassen, welche jetzt auf die fremden Erzeugnisse die Zölle des Tarifs des Mutterlandes in ihrer Gesamtheit anwenden oder welche die aus dem Auslande kommenden Kolonialprodukte mit den in dem genannten Tarif aufgeführten Zöllen belegen."

Diese Bestimmung war geeignet, das schutzzöllnerische Régime der Kolonien erheblich zu mildern, wenn der conseil général von seinem Rechte einen ausgiebigen Gebrauch gemacht hätte, wäre es möglich gewesen, jeder Kolonie das für ihre besonderen wirtschaftlichen Verhältnisse passendste Zollsystem zu geben. Leider aber geschah dieses nicht.

Wie die Regierung verfuhr und welche Wirkungen das neue Zollrégime für jede Kolonie gehabt hat, soll im einzelnen dargelegt werden:

1. Guadeloupe.

Für diese Kolonie ist die Tariffrage von gröfster Bedeutung. Da Guadeloupe nur für die Ausfuhr bestimmte Artikel produziert, wie Zucker und Kolonialwaren i. e. S., so ist es in starkem Mafse auf die fremde Einfuhr angewiesen. 1884 und 1885 hatte der Generalrat von Guadeloupe auf Drängen des Mutterlandes Schutzzölle für gewisse fremde Produkte aufgestellt, hatte aber Zollfreiheit für fast alle Nahrungsmittel bestehen lassen. Die Kolonie holte auch weiterhin ihr gesalzenes Fleisch, ihre Mehle u. s. w. aus den Vereinigten Staaten, Vieh aus Porto-Rico, Reis aus Britisch Indien, Kohlen und Baumwollengewebe aus England, das übrige aus Frankreich. Die Zölle für ausländische Produkte waren relativ gering, sie betrugen für die Gewebe und Kleider aus Lein, Jute, Hanf und Wolle nur sechs Prozent und für die Baumwollengarne 10 Prozent, für die Gewebe und Kleider aus Seide, für Bijouteriewaren und Uhren acht Prozent des Wertes.

Nach der Tarifreform des Jahres 1892 forderte der Generalrat Zollfreiheit für die hauptsächlichsten Nahrungsmittel. Ebenso war er gegen die Anwendung der im Tarif vorgesehenen Zölle für Baumwollengewebe. Er verlangte eine Ermäfsigung um fünfundzwanzig Prozent. Dagegen nahm er die Zölle für Wollengewebe und Maschinen und für die anderen Produkte der Metallindustrie an. Ebenso die Getränkezölle, Zölle für Möbel, Holz u. s. w. Im Interesse der lokalen Industrie forderte der Generalrat Freiheit für Kohle, deren Einfuhr 1889 17$^{1}/_{2}$ Million Kilogramm betrug, ferner für Petroleum und Guano.

Die Verordnung vom 29. November 1892 erfüllte eine Anzahl der Wünsche des Generalrats. So blieben die hauptsächlichsten Lebensmittel zollfrei, wie gesalzenes Fleisch, Weizenmehl, Maismehl, Brot, ferner zollfrei: Kohle, leere Fässer. Dagegen wurden die Prohibitivzölle für Kabliau aufrecht erhalten. Auch wurde keine Herabsetzung der Zölle für Gewebe, aus Baumwolle, wie auch nicht für die anderen Fabrikate bewilligt. Man kann wohl das neue Zollsystem von Guadeloupe als verhältnismäfsig liberal bezeichnen.

Was die Wirkungen desselben angeht, so mögen folgende Zahlen darüber Auskunft geben:

Die Einfuhr Guadeloupes betrug in den Jahren 1885—1900.

In Tausend Francs.

Jahre	Aus Frankreich	Aus französischen Kolonien	Aus dem Auslande	Zusammen
1885	8 245	1 396	9 914	19 555
1886	6 775	1 262	9 460	17 497
1887	9 391	1 239	9 912	20 542
1888	10 662	1 074	12 597	24 333
1889	10 919	1 192	12 581	24 692
1890	9 657	1 136	12 457	23 250
1891	7 830	908	11 718	20 456
1892	7 929	995	12 343	21 267
1893	8 933	853	10 194	19 980
1894	11 082	811	10 741	22 634
1895	7 343	716	8 345	16 404
1896	10 631	828	10 258	21 717
1897	8 772	906	8 767	18 445
1899	8 805	881	9 470	19 156
1900	10 094	886	10 393	21 373

Für die Ausfuhr Guadeloupes gelten folgende Zahlen:

In Tausend Francs.

Jahre	Nach Frankreich	In französische Kolonien	Ins Ausland	Zusammen
1885	15 885	215	1 918	18 018
1886	14 942	361	1 008	16 311
1887	20 923	1 581	939	23 443
1888	25 406	197	438	26 041
1889	24 691	438	722	25 851

In Tausend Francs.

Jahre	Nach Frankreich	In französische Kolonien	Ins Ausland	Zusammen
1890	20 572	279	518	21 369
1891	14 133	683	348	15 164
1892	20 927	448	455	21 830
1893	22 563	527	191	23 281
1894	20 217	697	146	21 060
1895	11 526	424	188	12 138
1896	17 827	653	110	18 590
1897	15 362	791	155	16 308
1899	17 702	780	225	18 707
1900	14 851	762	104	15 717

Die Zahlen für die Einfuhr Guadeloupes lassen eine besondere Wirkung der Zollpolitik des Mutterlandes nicht erkennen; es ist Frankreich nicht gelungen, die ausländische Konkurrenz auf dem Markte dieser Kolonie zu verdrängen. Für die Ausfuhr ist Frankreich naturgemäfs der Hauptabnehmer gewesen.

2. Martinique.

Martinique befindet sich in ähnlich wirtschaftlichen Verhältnissen wie Guadeloupe. Auch diese Kolonie mufs den weitaus gröfsten Teil aller Lebensmittel importieren.

1884 hatte der Generalrat nach dem Beispiel des Generalrates von Guadeloupe schutzzöllnerische Tarife zu Gunsten der Industrie des Mutterlandes aufgestellt, aber er hatte die Lebensmittel zollfrei gelassen; ebenso Bau- und Brennholz und Tabak.

Der Tarif vom 25. April 1885 beschränkte sich darauf, die Baumwollengewebe mit einem Wertzoll von fünf Prozent, die Lein- und Hanfgewebe mit neun Prozent, die Wollgewebe mit zehn Prozent und die Seidengewebe mit fünfzehn Prozent zu belegen.

Unter der Herrschaft dieses Tarifs kam ungefähr die Hälfte der Einfuhr Martiniques aus Frankreich oder aus französischen Kolonien, sie bestand hauptsächlich aus Wein, Olivenöl, raffiniertem Zucker, Kleidungsstücken, Maschinen und Geweben, mit Ausnahme der Baumwollgewebe, welche trotz aller Protektion aus England eingeführt wurden.

Die Urheber des Tarifs vom 29. November 1892 wollten dieses Verhältnis für Frankreich noch günstiger gestalten. Wie in Guadeloupe sind dem Mutterlandstarife alle Sorten Gewebe und die meisten der übrigen Fabrikate unterworfen. Die Lebensmittelzölle, die Zölle für gemeine Bauhölzer wurden ermäfsigt. Die Zölle des Generaltarifs wurden von 25 auf 6,25 Frcs. für gesalzenes Schweinefleisch herabgesetzt; von

30 auf 7,50 Frcs. für gesalzenes Rindfleisch, von 10 und 12 Frcs. auf 4 und 6 Frcs. für Mehle. Vollständige Freiheit bestand nur für Weizenkorn, Spelz und Maiskorn, für Reis, Brennholz, Mineralöle zu Beleuchtungszwecken, künstlichen Dünger und für leere Fässer[1].

Hinsichtlich der Wirkungen des neuen Zollrégimes von Martinique beachte man folgende Zahlen.

Im Generalhandel betrug die Einfuhr in Martinique:

In Tausend Francs.

Jahre	Aus Frankreich	Aus französischen Kolonien	Aus dem Auslande	Zusammen
1885	8 306	788	12 812	21 906
1886	7 230	986	15 519	23 735
1887	7 110	1 276	15 076	23 462
1888	7 959	664	14 293	22 916
1889	7 959	664	14 293	22 916
1890	10 658	1 357	18 247	30 262
1891	10 741	923	21 996	33 660
1892	10 058	1 339	21 713	33 110
1893	9 780	1 715	14 160	25 655
1894	12 453	1 304	15 360	29 117
1895	7 951	879	12 328	21 158
1896	9 321	1 320	12 245	22 886
1897	10 018	1 480	9 990	21 488
1899	12 694	1 488	12 823	27 005
1900	10 760	1 706	12 463	24 929

Die Ausfuhr betrug in derselben Zeit:

In Tausend Francs.

Jahre	Nach Frankreich	In französische Kolonien	Nach dem Auslande	Zusammen
1885	16 218	263	4 963	21 444
1886	17 426	232	2 772	20 430
1887	18 333	1 579	2 223	22 135
1888	22 249	106	1 100	23 455
1889	22 249	106	1 100	23 455
1890	21 920	250	1 180	23 350
1891	21 254	307	1 378	22 939
1892	16 644	375	1 366	18 385
1893	22 345	396	1 315	24 056
1894	20 616	575	1 321	22 512
1895	17 836	627	1 183	19 646
1896	19 730	694	1 091	21 515
1897	17 580	589	1 147	19 316
1899	24 212	722	1 669	26 603
1900	24 739	996	1 426	27 161

[1] A. Bouchée de Belle a. a. O.

Für Martinique scheint ebenfalls die Anpassung an das Mutterland nicht besonders nachteilig geworden zu sein. Frankreich hat unstreitig von der Assimilation Nutzen gehabt, seine Ausfuhr nach Martinique hat sich auf Kosten der ausländischen Konkurrenz gut entwickelt. In Zukunft dürfte jedoch die Entwicklung dieser Kolonie wegen der in diesem Jahre erfolgten vulkanischen Ausbrüche eine unsichere sein.

3. Guyane.

Guyane ist nicht besser behandelt worden als die Antillen. Auch diese Kolonie ist in hohem Maſse auf die Einfuhr von Lebensmitteln und von Gegenständen aller Art angewiesen.

Seit dem 1. Januar 1890 bestand ein Wertzoll von vier Prozent für fast alle ausländischen Produkte, nur Ochsen, Esel, Maultiere, gesalzene Fische, Bauholz, Schieferöl, gewisse Rindfleischkonserven, Tabak in Blättern waren zollfrei. Dieser Schutz war nicht genügend, er hinderte es nicht, daſs die Einfuhr aus dem Auslande sich weit günstiger entwickelte als die aus Frankreich (vergl. die nachstehende Tabelle).

Die Urheber der Verordnung vom 29. November 1892 haben fast alle Lebensmittel zollfrei gelassen, ebenso Schieferöl und Petroleum, Bauholz und Guſseisen. Auf die Hälfte reduziert wurden die Zölle für Kaffee, Pfeffer, Tee, Schweineschmalz; Tabak war ebenfalls Gegenstand einer besonderen Tarifikation, dagegen wurden die anderen natürlichen Produkte und die Fabrikate, ganz besonders alle Gewebe und die Kohle, dem Generaltarif unterstellt. Den Lasten, die hieraus für Guyane erwachsen, stehen keine Kompensationen gegenüber, denn diese Kolonie führt nicht dieselben Kolonialwaren aus, für die das Gesetz vom 2. Januar 1892 Vergünstigungen vorsieht.

Auswärtiger Handel Guyanes.

Einfuhr.

In Tausend Francs.

Jahre	Aus Frankreich	Aus französischen Kolonien	Aus dem Auslande	Zusammen
1885	5 606	146	2 022	7 774
1886	4 965	104	2 094	7 163
1887	5 887	111	2 635	8 633
1888	8 243	63	3 965	12 271
1889	5 878	80	2 993	8 951
1890	4 071	112	3 706	7 889
1891	7 410	86	3 521	11 017
1892	6 545	71	3 637	10 253

In Tausend Francs.

Jahre	Aus Frankreich	Aus französischen Kolonien	Aus dem Auslande	Zusammen
1893	5 489	151	2 554	8 194
1894	9 198	287	2 658	12 143
1895	7 524	274	3 181	10 979
1896	5 662	370	2 625	8 657
1897	6 346	453	2 629	9 428
1899	8 801	338	2 961	12 100
1900	6 783	284	2 695	9 762

Ausfuhr.

In Tausend Francs.

Jahre	Nach Frankreich	Nach französischen Kolonien	Nach dem Auslande	Zusammen
1885	4 801	—	31	4 832
1886	4 611	114	16	4 741
1887	5 114	250	46	5 410
1888	5 799	1	213	6 013
1889	4 115	2	115	4 232
1890	3 999	22	288	4 309
1891	4 387	78	347	4 812
1892	4 387	78	347	4 812
1893	4 597	83	304	4 984
1894	5 005	21	160	5 186
1895	14 082	38	269	14 389
1896	8 800	—	193	8 993
1897	6 953	53	227	7 233
1899	6 447	20	377	6 844
1900	6 111	62	411	6 584

Von 1893 an zeigen sich die Folgen der Assimilation der Kolonien an das Mutterland in dem Anteil des letzteren an der Einfuhr in die Kolonie deutlich. Unter dem Régime der Assimilation hat die ausländische Konkurrenz auf dem Markte dieser Kolonie keine nennenswerten Fortschritte mehr machen können, ist vielmehr gegen die der vollständigen Anpassung vorangehenden Jahre bedeutend zu Gunsten des französischen Handels zurückgegangen. Der Ausfuhrhandel dieser Kolonie hat sich unter dem neuen Régime sehr gut entwickelt.

4. Ile de la Réunion.

Die Insel Réunion befindet sich in ähnlichen wirtschaftlichen Verhältnissen wie die Antillen. Die Bewohner derselben sind hauptsächlich auf die Kultur des Zuckerrohres angewiesen. Ihre hauptsächlichsten Ausfuhrartikel sind Zucker und Kolonialwaren. In die Kolonie werden hauptsächlich Mehle, namentlich Reismehl eingeführt, ferner lebende Tiere, Fleischkonserven, Getränke, Brennmaterialien.

Im Jahre 1885 hatte der Generalrat von Réunion für die ausländischen Fabrikate den damaligen Generaltarif des Mutterlandes angewandt, hatte aber Zollfreiheit gewährt für lebende Tiere, Nahrungsmittel, Bauholz und Kohle. Das durch die Verordnung vom 29. November 1892 eingeführte Régime läſst die Zollfreiheit bestehen für die lebenden Tiere, rohen Hölzer, Mineralöle und einen Teil der Nahrungsmittel. Sie bewilligt ferner eine Zollermäſsigung für Tabak. Alle anderen Produkte dagegen, einschlieſslich Kohle, unterstehen dem Generaltarif[1].

Der Handel der Kolonie gestaltete sich folgendermaſsen:

Einfuhr.

In Tausend Francs.

Jahre	Aus Frankreich	Aus französischen Kolonien	Aus dem Auslande	Zusammen
1885	4 872	2 200	13 967	21 039
1886	10 900	573	11 650	23 123
1887	7 817	741	8 915	17 473
1888	9 034	606	12 875	22 515
1889	9 178	860	11 224	21 262
1890	9 921	227	20 166	30 314
1891	9 235	463	12 542	22 240
1892	11 958	199	12 912	25 069
1893	8 586	172	10 913	19 671
1894	11 715	380	11 201	23 296
1895	9 449	858	13 734	24 041
1896	11 814	1 346	8 728	21 888
1897	11 661	4 371	5 629	21 661
1899	12 866	2 958	5 132	20 956
1900	13 693	2 752	5 584	22 029

Ausfuhr.

In Tausend Francs.

Jahre	Nach Frankreich	In französische Kolonien	In das Ausland	Zusammen
1885	9 686	108	6 436	16 230
1886	8 253	69	4 997	13 319
1887	9 709	224	4 894	14 827
1888	10 910	795	3 884	15 589
1889	12 626	408	868	13 902
1890	15 519	324	1 433	17 276
1891	14 892	114	829	15 835
1892	15 731	31	1 205	16 967
1893	15 730	31	1 205	16 966
1894	14 435	19	1 245	15 699
1895	17 173	561	310	18 044
1896	16 215	519	651	17 385
1897	17 420	631	431	18 482
1899	14 349	868	141	15 358
1900	16 192	818	452	17 462

[1] A. Bouchée de Belle, a. a. O.

Ebenso wie für Guyane läſst sich auch für die Insel Réunion die Anpassung an das Mutterland als wenigstens für Frankreich von gutem Erfolge begleitet gewesen bezeichnen. Wie aus den angeführten Zahlen hervorgeht, ist von 1893 und ganz besonders in den letzten Jahren die Beteiligung des Auslandes bei der Einfuhr in die Kolonie bedeutend geringer geworden, während der Anteil des französischen Handels sehr stark gewachsen ist. Für die Ausfuhr der Kolonie ist das Mutterland in immer gröſserem Maſse der wichtigste Absatzort geworden. Die Gesamtzahlen für die Ein- und Ausfuhr zeigen allerdings, daſs ein besonderer Aufschwung im Handel der Insel nicht eingetreten ist.

5. Indo-China.

Bis 1887 waren die eingeführten Erzeugnisse aller Länder zollfrei. Trotz der Proteste des Generalrats von Cochinchina brachte der Artikel 47 des Finanzgesetzes vom 26. Februar 1887 auf ganz Indochina den Generaltarif des Mutterlandes zur Anwendung. Durch besondere Reglements sollten diejenigen Artikel bestimmt werden, die einer besonderen Tarifierung unterliegen sollten. Das erste dieses Reglements, vom 8. September 1887, brachte einen Zoll von vierzehn Prozent für Tee, dreiundzwanzig Prozent für die chinesischen Brennmaterialien, zehn Prozent für chinesische Medikamente, neunundzwanzig Prozent für Kaffee und vierzehn Prozent für Petroleum.

Ein zweites Reglement vom 9. Mai 1889 gewährte Zollermäſsigungen für diejenigen Artikel, die in Frankreich nicht ihresgleichen hätten, aber es erhöhte von sechzehn auf dreiſsig Prozent den Zoll für Baumwollwaren.

Der Handel entwickelte sich in dieser Kolonie wie folgt:

Einfuhr.

In Tausend Francs.

Jahre	Aus Frankreich	Aus französischen Kolonien	Aus dem Auslande	Zusammen
1885	46 979	4	61 742	108 725
1886	27 508	4 202	53 873	85 583
1887	21 254	6 546	66 193	93 993
1888	11 287	15	44 785	56 087
1889	16 238	264	43 899	60 201
1890	16 715	170	43 364	60 249
1891	20 321	206	46 507	67 034
1892	19 374	95	49 182	68 651
1893	18 818	135	49 135	68 088
1894	20 034	111	57 739	77 884

In Tausend Francs.

Jahre	Aus Frankreich	Aus französischen Kolonien	Aus dem Auslande	Zusammen
1895	28 307	19	61 692	90 018
1896	30 525	22	50 536	81 083
1897	45 291	4	63 799	109 094
1899	54 433	769	60 233	115 435
1900	72 324	1 802	111 818	185 944

Ausfuhr.

In Tausend Francs.

Jahre	Nach Frankreich	Nach französischen Kolonien	In das Ausland	Zusammen
1885	227	1 018	83 716	84 961
1886	1 116	1 889	80 182	83 187
1887	1 365	5 807	69 656	76 828
1888	2 022	6	68 918	71 026
1889	1 448	347	56 064	57 859
1890	2 319	3	54 673	56 995
1891	5 535	242	61 292	67 069
1892	9 427	314	85 331	95 072
1893	11 072	429	81 909	93 410
1894	11 622	118	91 761	103 501
1895	12 514	237	83 546	96 297
1896	9 726	417	78 666	88 809
1897	13 293	57	103 804	117 154
1899	21 943	604	114 391	136 938
1900	31 545	537	120 774	152 856

Die Ausfuhr Frankreichs nach Indochina hat offenbar zunächst unter den neueingeführten Zöllen gelitten, aber von 1895 an eine starke Steigerung erfahren. Immerhin ist der Anteil des Auslandes an der Einfuhr in diese Kolonien ein weit gröſserer als der des Mutterlandes.

6. Neu-Caledonien.

Neu-Caledonien gehört seit 1892 ebenfalls zu den dem Mutterlande assimilierten Kolonien. Vordem bestand in Neu-Caledonien nur ein Meeroctroi von vier Prozent ad valorem für alle Waren, die in die Kolonie eingeführt wurden. Lebende Tiere, gesalzenes Fleisch, Futterstoffe und Hafer waren spezifischen Zöllen unterworfen[1]. Bei diesem System kam fast die Hälfte aller eingeführten Waren aus Frankreich.

---

[1] Bouchié de Belle, a. a. O.

Die Verordnung vom 26. November 1892 hat die zollfreie Einfuhr gestattet für die lebenden Tiere, gesalzenes Fleisch und Fleischkonserven, Wildpret, Fische, Hafer, Roggen, Weizen in Körnern und in Mehlen, Brot, Zucker, Tee, Kohle, rohes Holz, Mineralöle, Roheisen, Gufseisen, Raffinage, Kupfer, landwirtschaftliche Maschinen, Dampfkessel, Anker und Ketten und einige weniger wichtige Artikel.

Dagegen nicht für Reis, die meisten Produkte der Fischerei, die meisten Metallwaren, ferner Kartoffeln, Leder, Tabake.

Einfuhr.
In Tausend Francs.

Jahre	Aus Frankreich	Aus französischen Kolonien	Aus dem Auslande	Zusammen
1885	4 979	—	3 518	8 497
1886	3 138	34	3 490	6 662
1887	3 767	—	4 286	8 053
1888	3 863	--	5 326	9 189
1889	4 025	—	5 452	9 477
1890	4 777	—	6 313	11 090
1891	4 913	69	6 436	11 418
1892	5 635	119	8 513	14 267
1893	5 254	39	4 010	9 303
1894	5 273	2	3 386	8 661
1895	3 611	199	3 564	7 374
1896	4 537	405	4 026	8 968
1897	5 527	310	3 973	9 810
1899	6 276	339	4 313	10 928
1900	5 864	183	6 116	12 163

Ausfuhr.
In Tausend Francs.

Jahre	Nach Frankreich	Nach französischen Kolonien	In das Ausland	Zusammen
1885	—	—	4 634	4 634
1886	—	—	—	2 971
1887	177	—	6 994	7 171
1888	1 160	—	1 821	2 981
1889	2 067	—	4 192	6 259
1890	1 349	—	5 792	7 141
1891	821	—	7 808	8 629
1892	2 377	—	4 970	7 347
1893	4 569	—	4 707	9 276
1894	1 424	—	4 999	6 423
1895	2 308	10	5 462	7 780
1896	2 441	3	3 334	5 778
1897	3 331	2	3 712	7 045
1899	3 480	1	5 432	8 913
1900	3 343	1	5 525	8 869

Auch in Neu-Caledonien hat die Assimilation an das Mutterland für den Handel des letzteren günstig gewirkt.

7. Mayotte.

Für Mayotte trifft der einzige Zollsatz, der 1892 an die Stelle des durch den französischen Tarif festgesetzten tritt, das Petroleum, für welches ein Wertzoll von fünf Prozent eingeführt wurde. Zollfreiheit wurde bewilligt für zur Ernährung geeignete Tiere, für Getreide, Reis, Seesalz und einige andere Artikel.

Auswärtiger Handel von Mayotte.

Einfuhr.

In Tausend Francs.

Jahre	Aus Frankreich	Aus französischen Kolonien	Aus dem Auslande	Zusammen
1885	335	808	936	2 079
1886	128	476	602	1 206
1887	12	242	872	1 126
1888	164	73	294	531
1889	348	59	181	588
1890	160	60	341	561
1891	152	56	452	660
1892	348	59	281	688
1893	160	60	341	561
1894	311	54	277	642
1895	281	56	217	554
1896	284	241	148	673
1899	183	110	269	562
1900	205	153	123	481

Ausfuhr.

In Tausend Francs.

Jahre	Nach Frankreich	Nach französischen Kolonien	In das Ausland	Zusammen
1885	1 522	127	584	2 233
1886	1 087	211	228	1 526
1887	1 094	100	217	1 411
1888	922	13	108	1 043
1889	1 098	59	116	1 273
1890	1 475	42	46	1 273
1891	849	59	123	1 031
1892	1 098	59	116	1 563
1893	1 475	42	46	1 563
1894	915	45	98	1 058
1895	943	51	31	1 025
1896	1 081	95	30	1 206
1899	1 192	94	24	1 310
1900	638	168	—	806

Der Handel von Mayotte ist unbedeutend, aber er liegt jetzt fast vollständig in den Händen des Mutterlandes.

Saint-Pierre et Miquelon.

Die statistischen Angaben über den auswärtigen Handel von Saint-Pierre und Miquelon zeigen, dafs hier die Assimilation nicht die günstigen Wirkungen hervorgebracht hat, die für die anderen Kolonien zu konstatieren waren. Der ausländische Handel hat auf dem Markt dieser Kolonien seinen Platz in starkem Mafse behauptet.

Einfuhr.

In Tausend Francs.

Jahre	Aus Frankreich	Aus französischen Kolonien	Aus dem Auslande	Zusammen
1885	4 038	57	9 123	13 218
1886	4 236	84	9 641	13 961
1887	3 508	45	10 194	13 747
1888	3 723	51	9 805	13 579
1889	3 707	70	10 578	14 355
1890	3 835	69	10 196	14 100
1891	3 897	108	9 523	13 528
1892	4 111	153	6 273	10 537
1893	2 449	137	2 593	5 179
1894	2 918	136	3 696	6 750
1895	3 392	516	4 257	8 165
1896	3 785	797	4 084	8 666
1899	7 490	461	4 944	12 895
1900	4 292	89	4 945	9 326

Ausfuhr.

In Tausend Francs.

Jahre	Nach Frankreich	Nach französischen Kolonien	In das Ausland	Zusammen
1885	15 016	2 107	3 076	20 199
1886	5 874	1 365	4 166	11 405
1887	11 947	2 193	4 135	18 275
1888	9 921	1 857	5 931	17 709
1889	9 811	2 463	5 846	18 120
1890	9 043	2 179	6 113	17 335
1891	8 491	1 511	83	10 085
1892	6 518	1 238	805	8 561
1893	5 609	1 780	3 076	10 465
1894	5 654	1 437	2 310	9 401
1895	7 761	1 195	2 232	11 188
1896	7 171	1 064	2 285	10 520
1899	11 869	1 333	2 217	15 419
1900	10 576	1 622	1 269	13 467

Bisher wurden die assimilierten Kolonien behandelt. Die zweite der durch das Gesetz vom 11. Januar 1892 geschaffenen Kategorien umfaſst die nicht assimilierten Kolonien und Besitzungen.

Auf die letzteren findet das Zollgesetz vom 11. Januar 1892 keine Anwendung.

Nach den Tableaux du commerce de la France betrug der Spezialhandel Frankreichs mit den nicht assimilierten Kolonien in Millionen Frcs.:

Einfuhr in die Kolonien.

	1890	1892	1894	1896	1898	1899
Senegal	11,0	15,4	18,4	14,3	16,0	25,6
Französisch Indien	1,6	1,1	0,7	0,7	2,1	3,1
St. Marie de Madagaskar, Nossi-Bé und Mayotte	0,7	0,4	1,2	5,4	20,9	28,8
Französische Besitzungen in Anam	0,9	0,5	0,4	0,5	0,4	0,7
Französische Besitzungen an der Westküste von Afrika	2,3	4,7	6,8	6,7	7,0	10,7

Ausfuhr der Kolonien nach Frankreich.

	1890	1892	1894	1896	1898	1899
Senegal	19,1	20,3	18,1	14,1	20,3	22,3
St. Marie de Madagaskar, Nossi-Bé und Mayotte	0,8	1,7	2,5	2,0	3,3	4,3
Französische Besitzungen in Argentinien	—	0,4	—	—	0,2	0,3
Französische Besitzungen an der Westküste von Südafrika	4,2	4,5	4,6	8,9	5,9	8,7
Französisch Indien	21,7	16,8	15,6	2,3	0,5	1,0

Unter dem liberalen Régime hat sich, wie aus diesen Tabellen hervorgeht, der Handel der nicht assimilierten Kolonien gut entwickelt.

Im Anschluſs an die Darstellung der Kolonialpolitik Frankreichs erscheint es angebracht, kurz auf die besondere Entwicklung der kommerziellen Beziehungen Algeriens mit dem Mutterlande, sowie mit den übrigen Staaten einzugehen. Algerien wurde, wie bereits erwähnt, auf Grund des Artikels 10 des Finanzgesetzes vom 29. Dezember 1884 vollständig dem Mutterlande assimiliert. Man kann Algerien seit dieser Zeit als eine französische Provinz betrachten. Die Wirkungen, welche die Assimilation auf den Handelsverkehr Algeriens

Tabelle I.

Handel Frankreichs mit Algerien 1882–1900.

Einfuhr der wichtigsten Artikel in Frankreich.

(Spezialhandel. Werte in Millionen Francs.)

	1882	1883	1884	1885	1886	1887	1888	1889	1890	1891	1892	1893	1894	1895	1896	1897	1898	1899	1900
Weine	0,4	3,4	7,5	14,5	22,0	26,7	42,9	55,4	58,9	55,4	84,8	51,0	56,4	88,6	100,6	134,9	115,6	141,3	50,4
Cerealien (Körner und Mehle)	17,3	12,0	20,8	36,1	40,0	38,7	32,0	37,5	58,1	46,6	38,4	23,4	32,7	53,5	34,6	21,9	29,3	40,8	37,8
Schafe und Hammel	33,0	35,6	34,3	37,2	24,4	20,5	27,2	41,7	29,3	26,1	24,3	20,2	41,4	36,3	16,1	20,6	22,8	19,9	19,1
Ochsen							6,8	24,2	14,7	10,0	3,8	1,2	30,0	16,5	4,0	5,2	3,7	2,8	1,9
Rohwolle	5,5	4,1	3,3	4,9	7,0	16,8	20,9	19,3	12,1	10,6	10,5	13,9	12,0	6,0	6,2	9,7	7,9	10,6	11,4
Rohe Häute und Felle	6,6	6,6	6,0	5,4	4,6	4,9	5,1	5,7	6,7	5,7	3,8	6,0	4,9	5,6	3,7	4,1	5,9	7,0	7,2
Tafelfrüchte	2,6	2,4	3,9	3,4	3,5	3,5	2,8	3,1	4,0	3,5	3,0	2,4	2,3	3,5	2,7	3,8	4,8	4,9	3,9
Liège, roh; râpéon en planches	2,9	2,4	1,9	3,0	2,8	2,8	3,3	3,9	3,5	5,1	4,3	3,4	3,3	2,3	2,1	3,1	2,1	3,2	2,5
Fische	1,8	2,8	1,1	1,9	2,9	2,7	1,5	1,7	2,4	2,9	2,3	1,0	2,7	2,2	1,3	1,8	1,4	1,9	—
Faserige Pflanzen	6,2	4,3	3,0	1,1	1,7	1,8	1,2	1,3	2,2	1,6	1,3	1,4	1,6	0,4	0,7	0,5	0,6	0,8	—
Die Gesamteinfuhr Frankreichs aus Algerien betrug in demselben Zeitraum:																			
Nahrungsmittel	56,9	60,4	74,0	98,5	97,7	98,2	118,6	157,9	172,8	150,7	162,8	103,8	171,6	207,6	165,3	192,3	183,2	218,4	—
Rohstoffe für die Industrie	37,7	33,7	26,5	24,0	25,3	33,3	37,9	39,6	33,0	33,1	29,1	35,9	33,6	35,0	27,8	41,8	37,4	49,1	—
Fabrikate	1,4	1,3	1,5	1,1	1,5	2,4	1,6	3,1	2,7	2,9	3,4	2,7	2,5	3,1	3,7	3,8	3,9	4,0	—
Gesamteinfuhr	96,0	95,4	102,0	123,6	124,5	133,9	158,1	200,6	208,5	186,7	195,3	142,4	207,7	245,7	196,8	237,9	224,5	271,5	165,8

Anm.: 1882–1887 Schafe und Hammel und Ochsen zusammen.

Tabelle II.

Handel Frankreichs mit Algerien 1882–1900.

Ausfuhr der wichtigsten französischen Artikel nach Algerien.

(Spezialhandel. Werte in Millionen Francs.)

	1882	1883	1884	1885	1886	1887	1888	1889	1890	1891	1892	1893	1894	1895	1896	1897	1898	1899	1900
Gewebe aus Baumwolle .	24,4	23,2	22,3	25,9	28,9	23,8	26,9	25,3	29,9	30,1	25,2	23,3	28,8	31,6	31,6	27,8	28,0	41,1	35,4
Gewebe aus Wolle	11,4	11,6	8,2	6,5	9,7	6,2	5,5	6,6	8,2	6,2	7,7	6,2	8,3	8,6	7,2	8,8	6,5	6,5	7,7
Gewebe aus Seide	0,3	0,1	0,5	0,5	1,0	0,6	1,3	1,7	1,6	1,1	0,5	0,4	0,8	1,3	1,4	1,3	0,9	0,9	1,1
Gewebe aus Jute	0,3	0,3	0,7	0,5	0,7	1,7	1,9	2,8	2,3	3,0	2,1	2,6	3,3	3,4	3,2	2,6	3,6	4,3	3,6
Gewebe aus Lein od. Hanf	7,1	6,7	5,8	5,4	5,7	1,4	1,8	1,6	1,2	2,2	1,8	1,3	1,8	1,4	1,1	1,7	1,5	1,5	1,4
Gegenstände aus Leder und Häute	14,4	13,9	12,0	14,1	14,6	11,0	14,9	12,0	16,0	19,5	11,1	9,3	8,8	7,9	9,0	7,8	7,9	8,5	8,5
Kleidungsstücke und Wäsche	4,7	5,2	6,1	7,4	8,9	7,2	7,1	9,7	10,3	11,0	7,8	9,5	9,4	12,2	12,7	12,0	12,9	12,7	16,6
Werkzeuge	4,6	7,0	5,0	6,4	7,9	7,2	8,4	7,0	7,6	9,6	9,0	7,4	6,7	7,9	8,9	8,4	9,8	10,4	9,6
Präparierte Häute . . .	7,2	6,7	5,9	6,2	5,7	4,8	5,4	5,8	6,2	7,9	6,9	5,6	6,0	6,3	6,6	6,0	6,9	9,2	—
Weine	12,4	8,3	6,4	15,0	12,8	5,4	4,4	6,1	5,8	5,3	5,5	6,7	4,5	3,2	4,2	3,5	3,0	2,9	3,0
Die Gesamtausfuhr nach Algerien betrug:																			
Nahrungsmittel	43,1	34,5	31,3	39,6	41,8	27,1	36,7	39,3	37,4	36,0	37,7	43,8	42,6	30,8	35,9	37,1	41,2	36,6	—
Rohstoffe für die Industrie	12,2	12,4	13,2	17,1	20,1	18,3	16,8	19,3	19,2	21,8	19,3	17,5	17,6	16,5	18,3	18,5	20,9	24,1	—
Fabrikate	110,1	107,6	102,2	110,9	127,3	107,8	120,1	120,1	138,3	149,3	132,6	123,4	139,1	155,9	163,6	160,6	163,4	199,7	—
Gesamtausfuhr	165,4	154,5	146,7	167,6	189,2	153,2	173,6	178,7	194,9	207,1	189,6	184,7	199,3	203,2	217,8	216,2	225,5	260,4	259,3

gehabt hat und die engere Verknüpfung dieses wertvollen überseeischen Besitzes, wie sie durch die Tarifreform des Jahres 1892 mit herbeigeführt wurde, sind aus den folgenden, der amtlichen französischen Statistik entnommenen Zahlen ersichtlich.

Die Tabellen I und II (S. 119 u. 120) geben eine Übersicht über die Entwickelung des auswärtigen Handels Frankreichs mit Algerien in der Zeit von 1882 bis 1900 und führen für die wichtigsten Artikel der Einfuhr, sowie der Ausfuhr die Beträge im einzelnen an. Bei der Einfuhr in Frankreich (Tabelle I) interessiert vor allem der Import von Wein und Cerealien, welcher je nach dem Ausfall der französischen Wein- bezw. Getreideernten verschieden grofs war, immerhin aber nach der Assimilation Algeriens an das Mutterland eine beträchtliche Steigerung aufzuweisen hat. Das tritt besonders bei der Weineinfuhr deutlich in die Erscheinung. Die bedeutende Vermehrung der Weineinfuhr aus Algerien läfst auch die hohen französischen Weinzölle weniger schutzzöllnerisch und weniger drückend für die Konsumenten erscheinen. Die Einfuhr von Fabrikaten aus Algerien hat sich kontinuierlich gesteigert, eine Tatsache, die wohl einen Schlufs auf eine zufriedenstellende industrielle Entwickelung dieser Kolonie erlaubt. Die Ausfuhr Frankreichs nach Algerien (vergl. Tabelle II) hat sich, besonders in den Jahren nach 1892, erheblich gesteigert. Die Mehrausfuhr ist lediglich durch eine starke Erhöhung des Fxportes französischer Fabrikate hervorgerufen. Auch aus diesem Umstande folgt, dafs die Assimilation Algeriens für beide Teile, für das Mutterland wie auch für die Kolonie von Vorteil gewesen ist.

Wenn der Handel Frankreichs mit Algerien durch die Assimilation gewonnen hat, so ist es erklärlich, dafs letztere für die Entwickelung des algerischen Handels mit den übrigen Ländern von Nachteil gewesen ist.

Der Handel Algeriens mit den übrigen Staaten betrug 1882—1899:

Spezialhandel. Werte in Millionen Francs.

Jahre	Einfuhr Algeriens	Ausfuhr Algeriens
1882	87,1	75,5
1883	80,4	66,0
1884	70,6	51,9
1885	54,9	69,2
1886	50,0	54,9
1887	52,5	45,9
1888	54,3	33,2
1889	58,7	29,2

Werte in Millionen Francs.

Jahre	Einfuhr Algeriens	Ausfuhr Algeriens
1890	65,2	40,4
1891	61,9	36,1
1892	50,1	32,9
1893	46,6	27,5
1894	60,0	34,4
1895	52,4	38,5
1896	51,4	34,2
1897	48,8	38,9
1898	64,5	41,1
1899	49,5	53,9

Aus diesen Zahlen ersieht man, dafs die Einfuhr Algeriens aus dem Auslande nach der französischen Tarifreform viel weniger stark gesunken ist als vor derselben, und, wenn man das Jahr 1892 ausscheidet und erst das Jahr 1893 zum Vergleiche heranzieht, so ergibt sich sogar eine freilich geringe Steigerung der Einfuhr Algeriens aus dem Auslande. Auch die Ausfuhr Algeriens ist von 1892 an, ganz im Gegensatz zu der bis zu diesem Jahre vorherrschenden Tendenz, bedeutend gestiegen.

Man wird nach diesen Zahlen keinen Fehlschlufs begehen, wenn man annimmt, dafs die Tarifreform vom Jahre 1892 der kommerziellen Entwickelung Algeriens nicht geschadet, sondern genützt hat.

Die vorstehenden Ausführungen über die Entwicklung der kommerziellen Beziehungen der französischen Kolonien erwecken im allgemeinen eine günstige Beurteilung der Wirkungen der schutzzöllnerischen Tarifreform vom Jahre 1892 [1]. Besonders in den letzten Jahren war die Entwickelung der meisten Kolonien eine zufriedenstellende, so dafs Frankreich vorläufig keine Veranlassung hat, das Zollsystem seiner Kolonien einer gründlichen Änderung zu unterziehen.

[1] Es ist jedoch gerade an dieser Stelle der Hinweis auf die in der Einleitung dieser Arbeit gemachte Bemerkung über das der Untersuchung zu Grunde liegende Material notwendig. Wenn auch die Zahlen der Handelsstatistik eine im ganzen günstige Beurteilung der französischen Zollgesetzgebung hinsichtlich der Kolonien zulassen, so bleibt doch noch die Frage offen, ob nicht die Schutzzölle durch Wirkungen, die in der Handelsstatistik nicht in die Erscheinung treten, das wirtschaftliche Gedeihen der französischen Kolonien ungünstig beeinflufst haben. Es ist z. B. sehr wahrscheinlich, dafs die teilweise Verdrängung des ausländischen Handels auch für die Kolonien nachteilige Folgen gehabt hat.

Leider mufs sich der Verfasser ein Eingehen auf die Fragen nach den weiteren Wirkungen der Schutzzölle auf die französischen Kolonien versagen, da es ihm an dem erforderlichen Material fehlt.

Zwölftes Kapitel.

Die moderne Entwickelung der französischen Handelsmarine.

Im Rahmen einer Darstellung der französischen Handelspolitik muſs auch der Entwickelung der Handelsmarine Frankreichs ein Platz eingeräumt werden. Ist die Handelsmarine doch für alle an den Meeren gelegenen Staaten von gröſster Wichtigkeit; denn einmal verbreitet sie den kommerziellen Einfluſs eines Landes in fernen Erdteilen und schafft dem Handel neue Absatzgebiete, andererseits beschäftigt sie im Inlande wichtige Industrien. Auſserdem stellt sie die beste und sicherste Verbindung des Mutterlandes mit den Kolonien her. Jede Seemacht hat aber auch aus militärischen Gründen ein groſses Interesse an der wirtschaftlichen Lage der nationalen Handelsmarine; denn diese sorgt für einen seetüchtigen Stamm von Schiffsleuten und bildet ferner im Kriegsfalle eine unentbehrliche Ergänzung der Kriegsmarine. Daher ist es erklärlich, daſs die einzelnen Seestaaten von jeher der Entwickelung ihrer Handelsflotten eine besondere Sorgfalt haben angedeihen lassen. Man braucht nur an die Geschichte der englischen Schiffahrtspolitik zu denken, um hierfür ein typisches Beispiel zu erhalten. Aber auch in Frankreich war die Handelsmarine Gegenstand mehr oder minder starken Schutzes seitens des Staates. Hier hann nicht auf alle gesetzgeberischen Maſsnahmen eingegangen werden, die vom 15. Jahrhundert an im Interesse der französischen Handelsmarine getroffen wurden; hier handelt es sich in der Hauptsache darum, ein Bild von der modernen Entwickelung der Handelsflotte Frankreichs zu geben. Um diese aber verstehen zu können, ist es notwendig, wenigstens einen Blick auf die Geschichte der französischen Handelsmarine im verflossenen Jahrhundert zu werfen.

Die Geschichte der französischen Handelsmarine im 19. Jahrhundert läſst sich in 3 Perioden einteilen. In der ersten Periode von 1793 bis zu den Handelsverträgen der sechziger Jahre sucht die französische Gesetzgebung durch

Prohibition oder durch sehr hohe Abgaben die ausländischen Schiffe von den Häfen Frankreichs fern zu halten und dadurch die heimische Handelsmarine zu entwickeln. Darauf folgte, entsprechend der in der Handelspolitik vorherrschenden Tendenz, eine liberale Periode von den sechziger Jahren bis 1881. Von 1882 bis zur Gegenwart sind wieder Maſsnahmen zum Schutze der inländischen Handelsmarine vom französischen Gesetzgeber getroffen worden. Mit Ausnahme der kurzen liberalen Periode von 1866 bis 1881 haben also die Handelsmarine und die Industrie des Schiffsbaues in Frankreich unter dem besonderen Schutze des Staates gestanden; ohne dabei aber, wie unten nachgewiesen werden wird, eine gute Entwickelung genommen zu haben.

Die Navigationsakte vom 21. September 1793 untersagte die Franzisierung aller im Auslande gebauten Schiffe und befreite dadurch die französischen Werften von jeglicher Konkurrenz des Auslandes. Für die Interessen der Reeder sorgte dasselbe Gesetz durch die Bestimmung, daſs die Einfuhr von irgend welchen Waren in Frankreich in französische Kolonien und Besitzungen nur auf französischen Schiffen erfolgen könne. Aber die Revolutionskriege und die Kriege des Kaiserreichs gestatteten nicht, diese strenge Prohibition der ausländischen Schiffe durchzuführen, und nach den Kriegen war die französische Handelsmarine durch groſse Verluste so geschwächt, daſs sie durchaus nicht den Anforderungen des Handels gewachsen war. Daher wurde am 28. April 1816 ein Gesetz erlassen, welches die Prohibition der fremden Schiffe aufhob und dafür den sogenannten „Flaggenzuschlag“ (surtaxe de pavillon) einführte. Dieser Zollzuschlag traf alle in Frankreich auf fremden Schiffen eingeführten Waren und machte keinen Unterschied zwischen der Schiffahrt unter der Ursprungsflagge und der unter dritter Flagge. Auſserdem bestand zwischen Frankreich und seinen Kolonien der „Kolonialpakt“, der das Handelsmonopol mit den Kolonien für die nationale Flagge reservierte. Er enthielt in der Hauptsache folgende vier Bestimmungen: 1. die Kolonien konnten nur Waren einführen, die aus Frankreich stammten, 2. sie konnten ihre Rohprodukte nur an Frankreich verkaufen, 3. die Schiffahrt zwischen Frankreich und seinen Kolonien war ausschlieſslich der französischen Flagge vorbehalten, 4. als Entschädigung für diese Lasten genossen die Kolonien auf dem französischen Markte gewisse Privilegien und besonders das ausschlieſsliche Recht der Zuckereinfuhr.

Dieses starke Schutzsystem wurde in etwa gemildert durch die verschiedenen Schiffahrtsübereinkommen, die vom Jahre 1822 ab mit mehreren fremden Staaten geschlossen wurden. Durch diese Konventionen verpflichtete sich Frankreich, die Schiffe der betreffenden Nationen zu denselben Bedingungen zuzulassen wie seine eigenen, aber unter der Bedingung, dafs auf den Schiffen nur die Produkte desjenigen Landes nach Frankreich eingeführt würden, unter dessen Flagge sie segelten. Anderenfalls waren höhere Abgaben zu entrichten.

Das liberalere Régime des Jahres 1860 brachte auch für die französische Handelsmarine eine wichtige Änderung. Zuerst erhielt England durch den Vertrag vom 25. Oktober 1860 das Recht, gegen einen Zoll, der 70 Frcs. pro Tonne, von 1864 an nur 60 Frcs. betragen sollte, seine eisernen Schiffe einzuführen. Damit war das Monopol der französischen Schiffsbauer beseitigt. Im Jahre 1861 wurde den Vereinigten Staaten dieselbe Vergünstigung gewährt. Aufserdem wurde durch die Gesetze vom 3. Juli 1861 und 9. Juli 1869 der Kolonialpakt aufgehoben. Die endgültige Regelung der Vorschriften über die Handelsmarine brachte das Gesetz vom 16. Mai 1866. Dieses Gesetz bestimmte, dafs die im Auslande gebauten Schiffe franzisiert werden könnten, wenn sie den geringen Zoll von 2 Frcs. für die Tonne des Bruttogehaltes bezahlten. Aufserdem sollte der Flaggenzuschlag vom Jahre 1869 an aufgehoben sein. Von dem ultraprotektionistischen Gesetz des Jahres 1793 blieb den Reedern nur noch die Bestimmung, dafs die Küstenschiffahrt zwischen den französischen Häfen der nationalen Flagge vorbehalten sein sollte. Um den heimischen Werften die Möglichkeit zu geben, mit dem Auslande zu konkurrieren, erlaubte dasselbe Gesetz vom 16. Mai 1866 die zollfreie Einfuhr aller Rohstoffe und Fabrikate, die zur Konstruktion oder Ausrüstung der Handelsmarine verwendet würden. Es zeigte sich bald, wie gewagt das Experiment gewesen war. Die französische Handelsmarine war nicht in der Lage, ohne Nachteil die Konkurrenz des Auslandes auszuhalten, und das um so weniger in einer Zeit grofser technischer Umwälzungen, welche durch die wachsende Anwendung der Dampfkraft im Transportwesen herbeigeführt wurden. Ununterbrochen forderten die beiden grofsen Interessentengruppen der Handelsmarine, die Schiffsbauer und die Reeder, Schutzmafsregeln. Zunächst wurde im Jahre 1870 eine Enquête über die Lage der Handelsmarine veranstaltet, die aber durch den Krieg unterbrochen wurde und zu keinem Ergebnis führte. Durch das Gesetz vom 30. Januar 1872 wurde ein Versuch gemacht, zu dem alten Mittel der Flaggenzuschläge zurückzukehren und die Zölle für die im Auslande gebauten Schiffe zu erhöhen; aber schon im folgenden Jahre hob das Gesetz vom 28. Juli 1873 die Flaggenzuschläge und die Zölle für Schiffe ausländischer Konstruktion wieder auf. Das Interesse der Regierung an der Entwickelung der Handelsmarine war aber nicht erlahmt, und durch Verordnung vom 15. Oktober 1873 wurde eine neue Kommission eingesetzt, welche die Mittel untersuchen sollte, durch welche man der Handelsmarine zu Hilfe kommen könnte. Die Kommission gelangte zu der Überzeugung, dafs nur die Bewilligung von staatlichen Prämien der Handelsmarine nützen könne. Das Prinzip der Prämienverteilung gelangte in der neuen Gesetzgebung zur Annahme. Von 1876 bis 1879 wurden der Deputiertenkammer mehrere Projekte über die Handelsmarine eingereicht, und nach langer Diskussion in den Jahren 1880 und 1881 kam das Gesetz vom 29. Januar 1881 zustande. Dieses Gesetz wollte sowohl dem Schiffsbau als auch der Reederei durch Gewährung von Prämien helfen. Es bewilligte den Schiffsbauern als Entschädigung für die Lasten, die ihnen aus dem Zolltarif erwachsen, folgende Bauprämien:

	pro Tonne Bruttogehalt
Für Schiffe aus Eisen oder Stahl	60 Frcs.
„ „ „ Holz von mehr als 20 Tonnen .	20 „
„ „ „ „ „ weniger als 10 Tonnen	10 „
„ „ „ „ und Eisen	40 „

Aufserdem:

Für Maschinen, Dampfkessel u. s. w. 12 Frcs. pro 100 kg.

Neben diesen Bauprämien für die Schiffsbauer gewährte das Gesetz den Reedern Fahrprämien. Die Reeder erhielten durch dieses Gesetz Anspruch auf[1]:

1. eine Schiffahrtsprämie von 1,50 Frcs. pro Tonne Nettogehalt und für je 1000 Meilen Fahrt. Dieser Satz sollte jährlich um 5 Centimes abnehmen,
2. den halben Betrag dieser Prämie für die vom Auslande gekauften Schiffe.

Dieses Gesetz sollte nur eine Gültigkeitsdauer von zehn Jahren haben. In dieser Beschränkung auf zehn Jahre lag der Hauptfehler des Gesetzes; denn die Reeder waren wohl geneigt, in den ersten Jahren nach dem Inkrafttreten des neuen Gesetzes neue Schiffe einzustellen, um so der Prämie teilhaftig zu werden. Je mehr aber die Frist von zehn Jahren sich ihrem Ende näherte, um so weniger verlockend waren die Prämien. Aufserdem waren Reeder und Schiffsbauer ungewifs, wie das kommende Gesetz sich zu den Prämien stellen werde.

Um einen Überblick über die Wirkungen des Gesetzes vom Jahre 1881 zu gewinnen, mufs man unterscheiden zwischen den Folgen dar Prämienbewilligung für den Schiffsbau und denen für die Reederei.

---

[1] Rapport fait au nom de la commission chargée d'examiner le projet de loi sur la marine marchande, par M. Siegfried (Doc. parl. 1892, 36 p. 51).

1. Wirkungen des Gesetzes vom 29. Januar 1881 für den Schiffsbau.

Für den Schiffsbau hatte das Gesetz nicht die günstigen Wirkungen, welche der Gesetzgeber von ihm erwartet hatte. Die folgenden Zahlen, welche dem Kommissionsbericht des Deputierten Siegfried entnommen sind[1], zeigen das deutlich.

Übersicht über die in den Jahren 1881—1890 in Frankreich gebauten und die vom Auslande gekauften Schiffe.

	In Frankreich gebaute Schiffe		Vom Auslande gekaufte Schiffe	
	Anzahl	Tonnengehalt	Anzahl	Tonnengehalt
Dampfer				
aus Eisen oder Stahl	393	307 626	317	332 627
aus Holz	57	2 113	33	1 954
aus Holz und Eisen	5	612	4	291
	455	310 351	354	334 872
Segelschiffe				
von mehr als 200 Tonnen aus Eisen	120	22 079	47	49 433
von mehr als 200 Tonnen aus Holz	43	15 934	87	36 119
von mehr als 200 Tonnen aus Holz und Eisen	—	—	—	—
von weniger als 200 Tonnen aus Holz oder Eisen	2	190	1	66
von weniger als 200 Tonnen aus Holz	6 780	80 342	596	19 272
von weniger als 200 Tonnen aus Holz und Eisen	—	—	1	26
	6 945	118 545	732	104 916

In Frankreich sind also in diesem Zeitraum im ganzen 307 626 Tonnen Dampfer aus Eisen gebaut; aber hiervon mufs man, um ein richtiges Bild zu erhalten, noch 124 000 Tonnen abziehen, die auf Dampfer der vom Staate subventionierten Linien entfallen, und die in Frankreich gebaut werden mufsten. Dem Rest, an dem man allein die Wirkungen des Gesetzes vom Jahre 1881 bemessen kann, im Betrage von 183 626 Tonnen stehen 332 627 Tonnen vom Auslande bezogener Schiffe gegenüber. Bei den gröfseren Segelschiffen aus Eisen ist das Verhältnis für Frankreich noch ungünstiger, 22 079 Tonnen gegen 49 433 Tonnen. Die Segelschiffe aus Holz, ganz besonders

[1] Rapport de M. Siegfried a. a. O.

die kleinen unter 200 Tonnen, spielen eine allzugeringe Rolle, als dafs die Zahlen für diese Gruppe das Gesamtbild der Wirkungen günstig zu beeinflussen vermöchten. Die Gründe der Bevorzugung der ausländischen Werften durch die französischen Reeder liegen einmal in der gröfseren Billigkeit der im Auslande gebauten Schiffe und dann den kürzeren Lieferfristen, die besonders England zu bieten vermag.

Die Prämien haben die Preisdifferenz, die in den Herstellungskosten liegt, einigermafsen verringert und den französischen Werften die Konkurrenz erleichtert. Daher sind die beträchtlichen pekuniären Opfer nicht ganz umsonst gemacht worden. Diese betrugen für den Schiffsbau im Durchschnitt der Jahre 1881 bis 1890 2679766 Frcs. und in den einzelnen Jahren[1]:

1881 . . .	950 899,57	Francs,
1882 . . .	4 540 596,42	"
1883 . . .	3 160 297,92	"
1884 . . .	4 484 968,60	"
1885 . . .	1 129 152,51	"
1886 . . .	3 005 618,72	"
1887 . . .	1 457 482,78	"
1888 . . .	2 216 959,55	"
1889 . . .	3 054 403,97	"
1890 . . .	2 797 189,18	"
	26 797 569,22	Francs.

Die Statistik der den Schiffsbauern gezahlten Prämien ist von besonderer Wichtigkeit, liefert sie doch ein deutliches Bild davon, ob die in Frage kommende Industrie einen Aufschwung genommen hat oder nicht. Zu den angeführten Zahlen ist zu bemerken, dafs die niedrige Summe des ersten Jahres deshalb nicht in Betracht gezogen werden darf, weil die neu bestellten Schiffe bis Ende des Jahres 1881 zum weitaus gröfsten Teil noch nicht vollendet waren, die Prämien aber erst nach der Fertigstellung des Schiffes zur Auszahlung gelangen. Die Zahlen beweisen deutlich, dafs die Schiffsbauindustrie bis 1884 einen guten Aufschwung, von da an aber wegen der kurzen Geltungsdauer des Gesetzes keine zufriedenstellende Entwicklung gewonnen hat.

Darnach ist der Zweck des Gesetzes vom Jahre 1881 für den Schiffsbau nicht erreicht worden.

2. Wirkungen der Fahrprämien für die Reederei.

Im Jahre 1880 betrug der Bestand der französischen Handelsmarine an Dampfern 652 mit einem Gehalt von 278000 Tonnen. Wie aus der auf Seite 137 befindlichen Tabelle ersichtlich, vermehrte sich die Dampferflotte bis zum

[1] Rapport de M. Siegfried (Doc. parl. 1892, 36 p. 51).

Jahre 1884, in den folgenden Jahren blieb der Tonnengehalt so ziemlich derselbe. Man kann aus der genannten Tabelle den Schlufs ziehen, dafs die Fahrprämien in den ersten Jahren nach dem Inkrafttreten des Prämiengesetzes gute Wirkungen für die Dampfschiffreederei aufzuweisen gehabt haben.

Was die Folgen der Fahrprämien für die Segelschiffreederei betrifft, so sei auch hierfür auf die genannte Tabelle verwiesen. Im Jahre 1880 war der Bestand an Segelschiffen in der französischen Handelsmarine 14406 mit 642000 Tonnen und in den folgenden Jahren zeigt sich eine stetige Abnahme des Tonnengehaltes der Segelschiffe. Diese Verminderung in dem Segelschiffbestande ist aber keineswegs ungünstig zu beurteilen; eine solche ist in allen Handelsmarinen eingetreten und wird durch die immer gröfser werdende Bedeutung der Dampfkraft im Transportwesen erklärlich. Man nimmt gewöhnlich an, dafs die Leistungsfähigkeit eines Dampfschiffes der von drei Segelschiffen gleichkommt. Dieses Verhältnis ist der in der letzten Kolonne unserer Tabelle angestellten Berechnung zu Grunde gelegt. Im Jahre 1880 verfügte die französische Handelsmarine über 492000 Dampfschifftonnen und 1891 über 664000 Dampfschifftonnen. Man sieht also, dafs trotz der Abnahme der Segelschiffe der Bestand der französischen Handelsmarine in der Zeit von der Gültigkeitsdauer des Prämiengesetzes von 1881 sich nicht unerheblich vermehrt hat. Die günstigen Wirkungen der Fahrprämien des Gesetzes von 1881 ergeben sich aufserdem aus dem gesteigerten Anteil der französischen Flagge an dem überseeischen Handel Frankreichs. Dieser war in den Jahren 1877 bis 1880, in der Zeit vor dem Prämiengesetz, auf 26 Prozent gesunken (vergl. Tabelle auf Seite 139). Dagegen stieg der Anteil der französischen Flagge an dem überseeischen Handel Frankreichs in der Zeit von 1881 bis 1892 auf 30 Prozent. Die Transportleistungsfähigkeit der französischen Handelsmarine hob sich um $^1/_8$, und die Schiffahrtsentwickelung der französischen Häfen stieg um 20 Prozent. Die Zahl der regelmäfsigen Dampferlinien grofser Fahrt stieg von 2 im Jahre 1881, abgesehen von den subventionierten Unternehmungen, auf 19 Linien[1].

Der Anteil der französischen Flagge an der internationalen Küstenfahrt ist dagegen von 1880 bis 1890 von 26 Prozent auf $23^1/_2$ Prozent gesunken, eine Erscheinung, die um so bemerkenswerter ist, als das Gesetz vom Jahre 1881 der internationalen Küstenfahrt keine Prämie bewilligte.

Aus dem Vorstehenden ergibt sich, dafs die Prämiengesetzgebung des Jahres 1881 wenigstens für die Schiffahrt

[1] Vgl. Tyard Schwarz und Ernst von Halle, Die Schiffbauindustrie in Deutschland und im Auslande, I. S. 120.

eine günstige Wirkung gehabt hat. Man war auf dem richtigen Wege, und nach dem Ablauf der Gültigkeitsdauer des Gesetzes handelte es sich darum, bei der Neuregelung der Maſsnahmen zum Schutze der Handelsmarine auf diesem Wege fortzuschreiten. Der Entwurf zu einem neuen Gesetze über die Handelsmarine, den die französische Regierung am 28. Mai 1892 der Deputiertenkammer eingereicht hatte, war in diesem Sinne ausgestaltet. Auch die aus 33 Mitgliedern bestehende Kommission der Handelsmarine sprach sich nach eingehender Orientierung der Wünsche und Forderungen der Interessenten für die Beibehaltung des Prämiensystems aus. Nur hielt sie die bis dahin gewährten Bauprämien für zu niedrig und beschloſs, dieselben bedeutend zu erhöhen. Für Dampfer aus Eisen sollten statt 60 Frcs. in Zukunft 120 Frcs., für Segelschiffe 100, für Schiffe aus Holz von 200 Tonnen und mehr 50 gezahlt werden, gegen 20 Frcs., die bisher für solche Schiffe gezahlt worden waren. Auch die übrigen Prämien sollten nach dem Kommissionsvorschlage sehr erheblich vermehrt werden. Die Regierung war aber der Ansicht, daſs die Annahme des Kommissionsentwurfs dem Staate zu groſse Lasten auferlegen würde. Darauf ermäſsigte die Kommission die Bauprämien, die aber immer noch bedeutend höher blieben, als die des Gesetzes vom Jahre 1881. Sowohl die Kommission als auch die Regierung hatten übrigens die halbe Prämie für die im Auslande gebauten Schiffe beibehalten, trotz der lauten Klagen der französischen Schiffsbauer. Die Interessenten des Schiffsbaues machten für die Unterdrückung der halben Prämie folgende Gründe geltend: Einmal bewirke die Existenz der halben Prämie, daſs die Reeder sich bei der Anschaffung neuer Schiffe fast ausschlieſslich an England wendeten; die Beibehaltung derselben würde den Ruin der französischen Werften herbeiführen. Wenn dagegen die halbe Prämie aufgehoben würde, würden bald neue Werften entstehen, und infolge der vermehrten Konkurrenz würde der Preisunterschied der französischen und der englischen Werften geringer werden. Die Existenz gut ausgerüsteter und leistungsfähiger Werften sei auch aus militärischen Rücksichten notwendig. Die Reederei sei schon genug dadurch begünstigt, daſs die im Auslande gekauften Schiffe bei ihrer Einstellung in die französische Handelsmarine nur einen ganz geringen Zoll zu bezahlen brauchten.

Dagegen argumentierten die Reeder folgendermaſsen: Bei der geringen Zahl der französischen Werften ist keine genügende Konkurrenz zwischen ihnen vorhanden. Die Preise sind viel zu hoch. Auſserdem wollen die Werften viel lieber Aufträge von Kriegsschiffen seitens der verschiedenen Staaten haben als Bestellungen von Handelsschiffen, an denen nicht so viel verdient wird. Die im Auslande gekauften Schiffe müssen ebenso gut die vielen Lasten tragen wie die französischen. Zwischen den Interessen der Schiffsbauer und der Reeder ist keine Solidarität. Die Reeder müssen in der Lage sein, schnell ein verlorengegangenes Schiff zu ersetzen, und das ist bei den nur langfristigen Lieferungen der französischen Werften unmöglich. Die Schiffsbauer verlangten eine Monopolstellung für ihre Industrie. Übrigens können Werften nur dann bestehen, wenn eine aus zahlreichen Schiffen bestehende Handelsmarine ihnen durch Reparaturarbeiten eine bessere Existenz schafft.

Die Mehrheit in der Deputiertenkammer hielt die Gründe der Schiffsbauer für berechtigt und hob, entgegen dem Kommissionsantrage, die halbe Prämie für die im Auslande gebauten Schiffe auf.

Im Senat gelangte der von der Deputiertenkammer angenommene Gesetzentwurf über die Handelsmarine am 26. und 27. Januar 1893 zur Verhandlung. Am 31. Januar lief der Termin, bis zu dem das alte Gesetz von 1881 verlängert worden war, ab, und so sah sich der Senat aus Mangel an Zeit in die Notwendigkeit versetzt, von jeglicher Änderung des Gesetzentwurfs Abstand zu nehmen. Auch im Senat wurden Bedenken laut gegen die von der Deputiertenkammer vorgenommene Aufhebung der halben Prämie für die im Auslande gebauten Schiffe, aber diese vermochten nicht eine Änderung des Entwurfs herbeizuführen. Am 27. Januar 1893 wurde das Gesetz vom Senat mit 222 gegen 4 Stimmen angenommen und am 31. Januar promulgiert.

Das neue Gesetz enthielt ebenfalls Bauprämien und Fahrprämien. Die Prämien für den Schiffsbau betrugen für eiserne oder stählerne Dampf- oder Segelschiffe 65 Frcs., für hölzerne Schiffe von 150 Tonnen und darüber 40 Frcs., für hölzerne Schiffe von weniger als 150 Tonnen 30 Frcs. Aufserdem berechtigte jede Umformung eines Schiffes, durch welche sein Tonnengehalt vermehrt würde, zum Bezuge einer Prämie. Ferner wurde durch das neue Gesetz den Erbauern von motorischen Maschinen, die an Bord der Dampf- und Segelschiffe gebracht würden, oder die während des Bestehens des Schiffes Umformungen erführen, zur Ausgleichung derselben Lasten eine Prämie von 15 Frcs. pro 100 Kilogramm gewährt. Dies waren die Bauprämien zur Ausgleichung der der Handelsmarine für die Rekrutierung und den Dienst in der Kriegsmarine auferlegten Lasten; allen Schiffen französischen Baues, und zwar Segelschiffen von mehr als 80 und Dampfschiffen von mehr als 1000 Tonnen Bruttogehalt wurde eine Schifffahrtsprämie bewilligt.

Die wichtigste Bestimmung des Gesetzes vom 30. Januar 1893 war die Aufhebung der halben Prämie für die im Auslande gebauten Schiffe. Hiermit hatte die französische Regierung einen folgenschweren Fehler begangen, der die Wirkungen der neuen Schutzbestimmungen, die diesmal mehr im Interesse der nationalen Werften als der Handelsmarine getroffen waren, in ungünstigster Weise beeinflufste.

In den folgenden Jahren hörten die Klagen über die traurige Lage der Handelsmarine nicht auf. Die Reeder, welche bei dem letzten Gesetze zu kurz gekommen waren, hielten es nicht mehr für lohnend, neue Schiffe auf den heimischen Werften bauen zu lassen. Die Wissenschaft und die öffentliche Meinung begannen sich eingehender mit der ungünstigen Entwickelung der Handelsmarine zu beschäftigen, und bald griff auch das Parlament von neuem ein.

Die Deputiertenkammer nahm nämlich in der Sitzung vom 1. Dezember 1896 den Vorschlag des Abbé Lemire an, durch eine besondere Kommission die Mittel zu untersuchen, durch welche man der Handelsmarine helfen könnte. Diese Spezialkommission wurde durch Dekret des Präsidenten Felix Faure am 9. Februar 1897 konstituiert. Sie setzte sich zusammen aus 17 höheren Beamten, 17 Senatoren und Deputierten, den Präsidenten oder Delegierten der Handelskammern von Bayonne, Bordeaux, Cherbourg, Dunkirchen, la Rochelle, Havre, Marseille, Nantes, Paris und endlich aus Vertretern der Reederei, des Schiffsbaues und des Handels.

Die Kommission veranstaltete eine grofse Enquete, um zunächst einmal Klarheit über die Lage der Handelsmarine zu schaffen. Sie veranlafste den Handelsminister, einen Fragebogen an alle Präfekten, Präsidenten der Handelskammern und der beratenden Kammern zu senden, in welchem nach den Ursachen der Dekadenz der Handelsmarine, den Schwierigkeiten bei der Konstruktion von Handelsschiffen in Frankreich und nach den Mitteln, die Frachten über französische Häfen zu lenken, gefragt wurde. Aufserdem vernahm die Kommission zahlreiche Interessenten aus den Kreisen der Schiffsbauer und der Reeder. Das Ergebnis der eingehenden Untersuchungen der Kommission ist in dem umfangreichen Bericht des Reeders Henri Estier niedergelegt, den dieser am 12. Dezember 1898 erstattete.

Was zunächst die Wirkungen des letzten Gesetzes über die Handelsmarine angeht, so gelangt man zu einem äufserst ungünstigen Urteile. Das Gesetz vom 30. Januar 1893 sollte der Handelsmarine eine gute Entwickelung sichern; aber das Gegenteil trat ein. Das Gesetz hat vollständig seinen Zweck verfehlt, mit Ausnahme der Segelschiffreederei, wie wir weiter unten sehen werden.

Die Seite 138 angeführte Tabelle zeigt die ungünstigen Wirkungen des Gesetzes vom Jahre 1893. Die Dampferflotte weist im Jahre 1899 gegen 1891 eine Abnahme von 15000 Tons auf. Überhaupt genügt ein Blick in diese Tabelle, um die

Stagnation in der Entwicklung der Dampferflotte zu erkennen. Das entgegengesetzte Bild zeigt die zweite Kolonne. Der Segelschiffbestand der französischen Handelsmarine hat sich unter dem Schutz des neuen Prämiengesetzes bedeutend vermehrt, von 397000 Tons im Jahre 1893 auf 451000 Tons im Jahre 1899. Aber diese Zunahme bei den Segelschiffen hat die Lücke, die durch den Ausfall der Dampfer entstanden ist, nicht wieder ausgefüllt, wie aus der letzten Kolonne hervorgeht.

Dampfer und Segelschiffe sind Transportmittel von verschiedener Bedeutung. Das Segelschiff ist besonders geeignet zum Transport von geringwertigen, schweren Massengütern, bei dem es mehr auf die Billigkeit der Fracht als auf die Zeit ankommt. Die Dampfschiffe dagegen sollen schnell und regelmäfsig die Waren von einem Orte zum anderen bringen. Bei Dampferlinien mufs ein verlorengegangener Dampfer schnell ersetzt werden können, damit die Regelmäfsigkeit der Transporte möglichst wenig leidet. Für den Reeder erscheint es in solchen Fällen ratsamer, Schiffe vom Auslande zu kaufen und auf die Prämie zu verzichten, als seinen Bedarf auf den französischen Werften zu decken. Aus diesen Bemerkungen erklärt sich, weshalb sich die Segelschiffreeder leichter dem Zwange, auf französischen Werften bauen zu lassen, fügen konnten als die Dampfschiffreeder.

Aber auch für den Schiffsbau hat das Gesetz vom Jahre 1893 durchaus nicht diejenigen günstigen Wirkungen gehabt, welche die Schiffsbauer erhofft hatten.

Mit Ausnahme der Segelschiffe und der Dampfer der vom Staat subventionierten Linien haben die französischen Werften an Handelsdampfern gebaut:

1893 . . .	8891	Bruttotonnen
1894 . . .	4448	"
1895 . . .	7382	"
1896 . . .	4662	"
1897 . . .	5200	"

Vergleicht man mit diesen Zahlen die Angaben über die in den Jahren 1880—1884 von den französischen Werften gebauten Handelsdampfern, mit Ausschlufs der für subventionierte Linien gebauten, nämlich[1]:

1880 . . .	3068	Bruttotonnen
(vor dem Gesetz vom Jahre 1881)		
1881 . . .	9412	Bruttotonnen
1882 . . .	16980	"
1883 . . .	23285	"
1884 . . .	28085	"

[1] Rapport de la commission extraparlamentaire . . . p. 658.

so sieht man, dafs die Schiffsbauer mit der von ihnen so eifrig geforderten Aufhebung der halben Prämie für die im Auslande gebauten Schiffe in ihr eigenes Fleisch geschnitten haben.

Waren die Wirkungen des Gesetzes vom Jahre 1893 für den Schiffsbau, dessen Interessen ganz besonders durch dasselbe geschützt werden sollten, sehr ungünstig, so hat dieses Gesetz auch der Schiffahrt wenig geholfen. Verfolgen wir die Wirkungen des Prämiengesetzes für alle Zweige der Schiffahrtsindustrie.

Für die Dampfer der Hochseeschiffahrt hat das Gesetz äufserst schlechte Folgen gehabt; denn im Jahre 1890 waren an solchen Dampfern 189 von 308 851 Nettotonnen und 1896 nur noch 174 Schiffe mit 263 015 Nettotonnen vorhanden. Die Dampfer der Hochseefahrt umfassen drei Kategorien, nämlich erstens die Schiffe französischer Konstruktion; diese erhalten die ganze Prämie; zweitens die im Auslande gebauten Dampfer, welche aber vor dem 1. Januar 1893 franzisiert worden waren. Sie haben Anspruch auf verschiedene Prämien, je nachdem sie vor oder nach der Promulgation des Gesetzes vom 29. Januar 1881 franzisiert worden sind, und drittens diejenigen im Auslande gebauten Dampfer, welche erst nach dem 1. Januar 1893 unter die französische Flagge gestellt worden sind und keine Prämie erhalten. Für die beiden ersten Kategorien geben die amtlichen Angaben folgendes Bild:

Dampfer der Hochseeschiffahrt französischer Konstruktion.

Jahre	Anzahl	Bruttotonnen	Gezahlte Prämien Francs
1893	75	210 280	3 100 783
1894	65	185 494	3 886 550
1895	86	259 571	4 559 229
1896	77	225 356	5 354 866
1897	—	—	5 718 567

Dampfer der Hochseeschiffahrt fremder Konstruktion.

Jahre	Anzahl	Bruttotonnen	Gezahlte Prämien Francs
1893	54	133 719	1 002 978
1894	55	128 931	1 315 024
1895	59	141 101	1 236 132
1896	42	106 860	923 254
1897	—	—	859 234

Bemerkenswert ist, dafs die geringe Zunahme der Dampfer französischer Konstruktion nicht die Lücke, die durch die Abnahme der im Auslande gebauten Schiffe entstanden ist, auszufüllen vermochte. Im Jahre 1896 sind zehn Dampfer mit 11783 Tonnen in diesen beiden Kategorien weniger vorhanden als im Jahre 1893. Also auch hier sind die ungünstigen Wirkungen des Gesetzes vom Jahre 1893 zweifellos.

Ein anderer wichtiger Zweig der Schiffahrtsindustrie ist die internationale Küstenschiffahrt. Diese war von dem Gesetze des Jahres 1881 vollständig unberücksichtigt gelassen, dagegen im Jahre 1893 ebenfalls mit Prämien bedacht worden. Auf die Entwickelung der internationalen Küstenschiffahrt hat das Gesetz vom Jahre 1893 einen guten Einflufs ausgeübt.

Die internationale Küstenschiffahrt wurde 1890 von 243 Dampfern mit 153317 Nettotonnen und 1896 von 248 Dampfern mit 186881 Nettotonnen ausgeübt.

Ganz besonders günstige Wirkungen hat das Gesetz vom Jahre 1893 für die Segelschiffahrt gehabt. Ein Vergleich der Wirkungen des Gesetzes von 1893 mit denen des Gesetzes von 1881 beweist dieses klar.

Zahl und Tonnengehalt der auf französischen Werften gebauten und vom Auslande gekauften Segelschiffe von 1881—1898[1].

Jahre	In Frankreich gebaute Schiffe		Vom Auslande gekaufte Segelschiffe	
	Zahl	Tonnengehalt	Zahl	Tonnengehalt
1881	841	11 559	49	5 006
1882	716	12 692	40	4 938
1883	754	9 183	34	5 974
1884	836	16 507	43	8 279
1885	595	10 591	42	5 800
1886	672	9 800	42	9 224
1887	587	7 293	52	4 953
1888	666	18 197	63	11 492
1889	579	10 230	54	14 574
1890	567	10 391	76	25 891
1891	698	17 800	62	8 816
1892	779	11 026	59	5 759
1893	863	13 058	37	2 970
1894	849	14 218	57	13 813
1895	824	16 940	52	6 822
1896	941	32 519	45	6 165
1897	995	46 966	55	10 990
1898	894	25 966	50	5 425

[1] Aus einer Tabelle im Rapport fait au nom de la commission du budget de 1900 chargée d'examiner le projet de loi sur la marine marchande, par M. Thierry, député. (Doc. parl. 1900. Nr. 1893.)

Auch aus dieser Tabelle ergibt sich, daſs der Staat in dem Prämiensystem ein geeignetes und wirksames Mittel hat, einer Industrie zu helfen. Ob dagegen die Vermehrung der Segelschiffe in der französischen Handelsmarine günstig zu beurteilen ist, ist eine andere Frage, auf die wir weiter unten noch zurückkommen.

Nachdem wir im Vorstehenden die gesetzgeberischen Maſsnahmen betrachtet haben, die bis zu Beginn des zwanzigsten Jahrhunderts zu gunsten der französischen Handelsmarine getroffen worden sind, empfiehlt es sich, das Resultat aller dieser für den Staat kostspieligen Mittel durch einen Vergleich mit den von den übrigen Staaten erzielten Ergebnissen zu prüfen. Die in den nachfolgenden Tabellen für die 18 wichtigsten Seestaaten zusammengestellten statistischen Angaben umfassen die Zeit von 1873—1900. Sie sind den Publikationen des Bureau „Veritas“ in Paris entnommen. Zu beachten ist, daſs in der Statistik der Segelschiffe nur solche von einem Bruttogehalt von mehr als 50 Tonnen und in der der Dampfschiffe nur Fahrzeuge von mehr als 100 Bruttotonnen aufgeführt sind.

Die Entwickelung der Segelflotten in den verschiedenen Staaten während der Jahre 1873--1900 zeigt nachstehende Tabelle:

I. Statistik des Bestandes an Segelschiffen der Handelsflotten in den verschiedenen Staaten von 1873—1900.

Tonnengehalt (Brutto).

Land	1873	1880	1890	1900
England	5 320 089	5 584 128	3 915 378	2 662 168
Vereinigte Staaten	2 132 838	2 041 645	1 777 522	1 291 954
Norwegen	1 137 177	1 382 323	1 339 584	996 678
Deutschland	893 952	927 984	712 592	548 053
Italien	1 126 032	924 797	678 182	492 138
Ruſsland	347 744	425 090	454 465	473 689
Frankreich	768 059	572 506	329 111	309 831
Schweden	327 409	404 376	370 967	277 651
Türkei	34 711	48 437	84 531	261 780
Griechenland	392 894	417 442	292 742	196 658
Spanien	540 211	328 681	255 700	151 946
Dänemark	170 834	180 589	142 350	138 031
Holland	397 233	340 093	234 787	118 158
Brasilien	—	—	58 130	80 178
Chile	—	—	73 034	60 520
Portugal	93 815	99 917	72 051	60 430
Österreich	336 113	238 347	127 873	49 288
Japan	—	—	28 270	40 966

II. Statistik des Bestandes an Dampfschiffen der Handelsflotten in den verschiedenen Staaten von 1873—1900.

Tonnengehalt (Brutto).

Land	1873	1880	1890	1900
England	2 624 431	3 933 966	7 507 885	11 093 807
Deutschland	204 894	265 383	771 998	1 873 388
Frankreich	316 765	356 636	747 512	985 968
Vereinigte Staaten	483 040	601 289	545 590	970 881
Norwegen	41 602	61 160	191 953	672 549
Spanien	138 675	178 144	411 713	551 887
Japan	—	—	116 424	455 535
Italien	85 045	100 047	290 041	443 365
Rufsland	67 522	119 937	172 649	407 536
Dänemark	34 498	71 656	143 282	388 670
Holland	72 753	120 711	209 308	365 995
Schweden	53 327	82 725	162 616	339 879
Österreich	84 155	81 901	148 060	335 314
Belgien	30 444	54 924	89 895	146 615
Brasilien	—	—	70 150	140 055
Griechenland	3 390	9 152	63 275	139 987
Türkei	3 049	8 870	36 620	78 181
Argentinien	—	—	24 139	58 254
China	—	—	39 490	56 101

Diese Zusammenstellung läfst eine günstigere Entwickelung der französischen Handelsmarine vermuten, als sie in Wirklichkeit eingetreten ist. Immerhin zeigen aber auch schon diese Zahlen, dafs Frankreichs Handelsmarine nicht in demselben Mafse gewachsen ist wie die von England und Deutschland. Die amtliche französische Statistik, in welcher die Schiffe der Küstenfischerei nicht mit aufgeführt werden, läfst besser die Stagnation in der Entwickelung der französischen Handelsmarine, die mit Rücksicht auf das Anwachsen der Handelsflotten der wichtigsten Konkurrenten Frankreichs einem Rückschritt gleichkommt, erkennen. In dem 50jährigen Zeitraum von 1850—1900 war der Bestand der französischen Handelsmarine:

Jahre	Dampfschiffe		Segelschiffe		Summe der Schiffe	
	Zahl	Tausend Tonnen	Zahl	Tausend Tonnen	Angabe	Tausend Dampfschifftonnen
1850	126	14	14 228	674	14 354	238
1860	314	68	14 608	928	14 922	377
1866	407	130	15 230	915	15 637	435
1872	512	177	15 062	912	15 574	481
1874	522	195	15 002	841	15 524	475

Jahre	Dampfschiffe		Segelschiffe		Summe der Schiffe	
	Zahl	Tausend Tonnen	Zahl	Tausend Tonnen	Angabe	Tausend Dampfschifftonnen
1876	546	213	14 861	799	15 407	478
1878	588	246	14 939	730	15 527	489
1880	652	278	14 406	642	15 058	492
1882	832	416	14 368	567	15 200	605
1884	938	511	14 414	523	15 352	685
1886	951	500	14 400	492	15 351	664
1888	1 015	510	14 263	451	15 278	660
1890	1 110	500	14 001	444	15 111	648
1891	1 157	522	13 890	426	15 047	664
1892	1 161	499	14 117	407	15 278	635
1893	1 186	499	14 190	397	15 376	631
1894	1 196	492	14 332	399	15 528	625
1895	1 212	501	14 386	387	15 598	630
1896	1 235	504	14 300	390	15 535	637
1897	1 212	499	14 352	421	15 564	639
1898	1 209	486	14 406	415	15 615	624
1899	1 227	507	14 262	451	15 489	657

In der letzten Kolonne der vorstehenden Tabelle ist der Gesamttonnengehalt des Bestandes der französischen Handelsmarine in den einzelnen Jahren angegeben. Die Segelschifftonnen sind auf die der Dampfschifftonnen reduziert. Hierbei sind drei Segelschifftonnen gleich einer Dampfschifftonne angenommen, ein Verhältnis, welches allgemein von den Fachleuten als richtig anerkannt wird.

Aus dieser Tabelle ergibt sich die Dekadenz der französischen Handelsmarine auf das deutlichste. Der Tonnengehalt der Dampfschiffe hat in den neunziger Jahren abgenommen, während bei den Segelschiffen sich schon seit 1860 eine fortwährende Abnahme bemerkbar macht. Letztere Erscheinung ist an sich nicht ungünstig zu beurteilen; sie tritt in den meisten Staaten auf und beruht auf den grofsen technischen Umwälzungen in der Schiffsbauindustrie. Die Segelschiffe spielen, trotz aller technischen Verbesserungen, die sie in den letzten Jahrzehnten erfahren haben, gegenüber den Dampfschiffen eine geringe Rolle. Sie können keine grofse Bedeutung mehr beanspruchen, weder in militärischer noch in wirtschaftlicher Beziehung. Für den Kriegsfall sind die Segelschiffe fast wertlos, und in der Handelsflotte eignen sie sich nur zum Transport von schweren und billigen Massengütern. Daraus folgt, dafs die Abnahme der Segelschiffe allein kein schlechtes Zeichen für die Entwickelung der französischen Handelsmarine ist. Wenn aber in einem Staate mit dem Rückgang des Segelschiffbestandes nicht ein um so gröfserer Aufschwung der Dampferflotte verbunden ist, so kann von einer guten Entwickelung der Handelsmarine keine Rede sein. Dieser Fall liegt bei Frankreich vor.

Die Dekadenz der französischen Handelsmarine tritt ebenfalls klar zu Tage, wenn man das Verhältnis betrachtet, nach welchem die heimische Handelsflotte und die ausländischen Schiffe an dem überseeischen Handel Frankreichs beteiligt sind. Auch hier bietet besonders die Zeit nach 1893 ein für Frankreich wenig erfreuliches Bild.

Anteil der freien Konkurrenzschiffahrt an dem überseeischen Handel Frankreichs 1825—1898.

Jahresdurchschnitte[1].

	Tonnengehalt der die Ein- und Ausfuhr besorgenden		Insgesamt	Anteil der	
	französischen Schiffe	fremden Schiffe		französischen Flagge	fremden Flagge
Perioden des Schutzes der Handelsmarine.					
1825—1834	464 300	1 008 500	1 472 800	31,5	68,5
1835—1844	801 200	1 704 500	2 505 700	31,9	68,1
1845—1854	1 138 300	2 308 200	3 446 500	33,0	67,0
1855—1864	2 254 900	3 990 300	6 245 200	36,0	64,0
1865—1866	2 849 000	5 263 000	8 112 000	35,0	65,0
Perioden der freien Konkurrenz.					
1867—1876	3 133 800	7 363 600	10 497 400	29,0	71,0
1877—1880	3 991 200	10 863 500	14 854 700	26,0	74,0
Erneuter Schutz der Handelsmarine.					
1881—1892	**5 750 755**	**13 394 820**	**19 145 575**	**30,0**	**70,0**
1893	4 912 000	14 281 000	19 193 000	25,0	75,0
1894	4 616 000	14 954 000	19 570 000	25,0	75,0
1895	4 644 000	14 559 000	19 203 000	24,0	76,0
1896	5 084 465	15 907 877	20 992 342	24,0	76,0
1897	5 210 540	16 455 433	21 665 973	24,0	76,0
1898	5 245 669	18 022 910	23 268 579	22,0	78,0
Durchschnitt 1893—1898	4 952 112	15 696 703	20 648 815	24,0	76,0

Interessant ist die grofse Abnahme des Anteils der französischen Flagge im Seeverkehr, welche plötzlich in der liberalen Ära eingetreten ist. Ferner liefert auch diese Tabelle einen Beweis der ungünstigen Wirkungen des Gesetzes über die Handelsmarine vom Jahre 1893.

[1] Exposé des motifs du projet de loi sur la marine marchande. Doc. parl. de la Chambre des Députés. 1899. Nr. 1173.

Die Ursachen der Dekadenz der französischen Handelsmarine.

Die Inferiorität der französischen Handelsmarine gegenüber den Handelsflotten der hauptsächlich mit Frankreich konkurrierenden Länder lassen die obigen Ausführungen als zweifellos erscheinen. Welchen Ursachen ist diese Dekadenz der französischen Handelsmarine zuzuschreiben? Die Beantwortung dieser Frage ist verschieden, je nach dem allgemeinen Standpunkt des Beurteilers in wirtschaftspolitischen Angelegenheiten. Die Vertreter der liberalen-freihändlerischen Auffassung erblicken die Ursache der traurigen Lage der französischen Handelsmarine in der Intervention des Staates durch die Gewährung von Prämien und in den zu hohen Zöllen, die auf den beim Schiffsbau zur Verwendung gelangenden Materialien lasten. Gegen die erstere Auffassung von der Unzweckmäſsigkeit der Prämien müssen wir uns ablehnend verhalten, denn die im allgemeinen günstigen Wirkungen des Gesetzes vom Jahre 1881 und die bedeutende Vermehrung der Segelschiffe nach 1893 beweisen, daſs der Staat in den Prämien ein gutes Mittel hat, einer bedrängten Industrie beizustehen. Freilich wird man zugeben müssen, daſs der Schutz des Staates, besonders bei den Segelschiffen, übertrieben und unzweckmäſsig war. Der zweite Vorwurf, der sich gegen die zu hohen Schutzzölle des französischen Zolltarifes richtet, ist gewiſs berechtigt. Heute, wo Eisen und Stahl die wichtigsten Bestandteile der modernen Schiffe bilden, müssen besonders die hohen Eisen- und Stahlzölle den Schiffsbau verteuern. Um nur für diese Materialien einige Beispiele zu geben, sei bemerkt, daſs Roheisen einem Zoll von 15 Francs unterliegt, Stangen und Schienen aus Eisen oder Stahl 50 Francs, Blech 70 Francs, Maschinen 120—200 Francs und Kessel 140 Francs pro Tonne bezahlen. Diese Zölle müssen als für die Entwickelung der Schiffsbauindustrie nachteilig bezeichnet werden.

Andererseits ist diese Ursache der Inferiorität der französischen Handelsmarine bei weitem nicht die wichtigste. Erklärlicherweise wirken auf die Entwickelung der Handelsmarine mehrere Faktoren von ungleicher Bedeutung ein, von denen jeder einzelne für sich nicht allzuviel schaden würde, die aber in ihrer Gesamtheit eine gedeihliche Entwickelung der französischen Handelsmarine bis jetzt verhindert haben.

Als wichtige Ursache der traurigen Lage der Handelsmarine Frankreichs möchten wir den Mangel an Frachtgütern nennen.

Wenn eine Handelsmarine eine gute Entwickelung nehmen soll, so ist eine der wichtigsten Voraussetzungen hierfür das

Aufblühen von Industrie und Handel. Ohne eine leistungsfähige Industrie, die fortwährend den Markt mit ihren Produkten versorgt, ohne einen gut organisierten Handel, der die Waren schnell und billig an den Bestimmungsort schafft, kann auch die Handelsmarine eines Landes nicht gedeihen. Der französischen Handelsmarine fehlt es an einer genügenden Menge von Frachtgütern. Diesem Mangel kann nur abgeholfen werden, wenn Industrie und Handel billig genug produzieren können, um mit dem Auslande zu konkurrieren. Von den verschiedenen Faktoren, die für die endgültige Preisbestimmung der Ausfuhrwaren in Betracht kommen, läſst sich einer der wichtigsten, der Arbeitslohn, der in Frankreich höher ist als zum Beispiel in England, nicht ermäſsigen, wohl aber könnte man dieses von einem anderen wichtigen Faktor, nämlich von den Transportkosten in Frankreich selbst, erwarten. Frankreich befindet sich in Bezug auf die Ausbildung des Transportwesens nicht auf der gleichen Stufe wie seine hauptsächlichsten Konkurrenten; denn einmal sind die Wasserstraſsen zu wenig leistungsfähig, und dann sind diese sehr ungleichmäſsig verteilt.

Die Wasserstraſsen sind mit wenigen Ausnahmen nicht in der Lage, der Handelsmarine bedeutende Mengen Frachtgüter zuzuführen, sondern bringen im Gegenteil groſse Warenmengen über die belgische Grenze nach Antwerpen. Die Eisenbahnen in Frankreich haben im allgemeinen zu hohe Tarife und schaden dadurch dem französischen Handel erheblich. Auſserdem versuchen die Eisenbahngesellschaften nur zu oft, die unbequemen Konkurrenzen der Schiffahrt auf den Kanälen und Flüssen in jeder Weise zu bekämpfen. Nur da haben sie niedrige Tarife, wo die Schiffahrt dieselben Dienste verrichten kann. Bernard, Mitglied des conseil supérieur de la marine marchande sagt von den französischen Eisenbahngesellschaften[1]: „Mit Unrecht läſst man jede dieser Gesellschaften ihr Eisenbahnnetz als ein besonderes Land betrachten, über deren Transporte sie die Herrscherin sei. Daher die Tarife, die sich nur aus dem Bestreben, besondere und private Interessen, aus denen in Form von Transporten, die sie versorgen, Nutzen gezogen werden kann, zu begünstigen. Daher die Widersprüche in den gleichen Industrien und den gleichen Produkten, die hier einen ermäſsigten, dort einen erhöhten Tarif vorfinden. Man vergesse ja nicht: In Frankreich mehr als anderswo sind das Gedeihen des Landes, seine kommerzielle Entwickelung, in den Händen der Eisenbahnen, der Herren des Transportes; denn die Transporte auf

---

[1] Rapport sur les moyens de diriger le fret vers les ports par une amélioration du régime des canaux et des modifications aux tarifs de chemins de fer, présenté par M. R. Bernard. p. 11.

dem Wasserwege sind nur in durchaus unvollständiger Weise vorhanden. Die Eisenbahnen haben eine enorme Macht, die ihnen nicht weniger bedeutende Rechte gibt; sie haben auch Pflichten gegen das Land, und für diese verlange ich von ihnen den Respekt."

Ebenso ungenügend wie die Quantität der in den französischen Häfen vorhandenen Frachtgüter ist deren Qualität, wenn man sich auf den Standpunkt des Reeders stellt. Dieser mufs wünschen, relativ schwere und voluminöse Waren auszuführen, weil er die Fracht im allgemeinen nach dem Gewicht und dem Volumen der Waren bezahlt erhält. Nun sind in Frankreich die hauptsächlichsten Ausfuhrindustrien solche, die Waren von geringem Gewicht produzieren, nämlich Gewebe aus Seide, Wolle und Baumwolle, ferner Rohwolle, Seiden, Häute und Kleider, dann Wein, Zucker, Käse, Butter und Tabletteriewaren. Allerdings sind die wichtigsten Einfuhrartikel, nämlich Wolle in Ballen, Cerealien, Seide, ölhaltige Früchte und Samen, Baumwolle, Wein und Kohlen in dieser Beziehung besser.

Ein anderer Grund für die mangelhafte Entwickelung der französischen Handelsmarine hängt mit der geographischen Lage Frankreichs zusammen. In früheren Zeiten, als die Seetransporte noch kostspielig, gefährlich und von langer Dauer waren, war die geographische Lage Frankreichs günstiger. Ein aus überseeischen Ländern kommendes Schiff fand es vorteilhafter, die näher gelegenen französischen Häfen aufzusuchen; heute aber, wo die Schiffsbaukunst so grofse Fortschritte gemacht hat, kann ein Schiff ebenso billig nach Hamburg oder Antwerpen gehen als nach Havre.

Aufserdem hat Frankreich zu viele Häfen. Daher kommt es, dafs fast in keinem Hafen Waren genug vorhanden sind, um eine regelmäfsige Verbindung des Hafens mit den überseeischen Ländern notwendig zu machen, dafs dagegen in jedem Hafen sich genug Frachtgüter finden, welche von ausländischen Schiffen, die dort mit beinahe vollständiger Ladung einlaufen, lohnend mitgenommen werden können.

Mit der zu grofsen Anzahl der französischen Häfen hängt es auch zusammen, dafs die Generalunkosten der Hafenanlagen und der technischen Ausrüstung derselben recht bedeutende sind, und daher auch wieder hohe Abgaben von den passierenden Schiffen erhoben werden müssen. Derartige Abgaben, die sogenanten „Tonnengelder", waren durch das Gesetz vom 23. Oktober 1793 auf 15, 20 und 30 Centimes pro Tonne festgesetzt für die französischen Schiffe, je nach der Art der Schiffahrt, zu welcher sie verwandt wurden. Die ausländischen Schiffe dagegen zahlten einheitlich 2,50 Francs pro Tonne. Der Satz wechselte dann je nach den verschiedenen Handelsverträgen und wurde 1866 ganz aufgehoben.

Nur ausnahmsweise wurde er in Havre beibehalten. Sein Ertrag sollte hier zur Vergröſserung des Hafens verwandt werden. Ein Gesetz vom 30. Januar 1872 führte die Tonnengelder wieder ein. Es setzte dieselben fest auf 0,50 Francs für die aus europäischen Ländern und dem Mittelmeerbecken kommenden Provenienzen und 1 Franc pro Tonne für die aus anderen Ländern kommenden Waren. Dieses Gesetz, das lediglich aus fiskalischen Gründen erlassen worden war, blieb bis 1896 in Kraft. Ein neues Gesetz vom 23. Dezember 1897 befreit von jeglicher Abgabe diejenigen Schiffe, die nichts in den französischen Häfen ausladen, sondern nur ihre Ladung dort vervollständigen. Im übrigen setzte es für die Waren nach Frankreich oder Algier bringenden Schiffe folgende Abgaben fest:

1 Franc für die Netto-Meſstonne, wenn die Gesamtzahl der Schiffslasten (1000 kg) aus- oder eingeschiffter Waren die Hälfte des Netto-Raumgehaltes des Schiffes übersteigt;

50 Centimes für die Netto-Meſstonne, wenn die Gesamtzahl der Schiffslasten aus- oder eingeschiffter Waren gleich der Hälfte oder geringer als die Hälfte des Netto-Raumgehaltes und gröſser als ein Viertel dieses Raumgehaltes ist;

25 Centimes für die Netto-Meſstonne, wenn die Gesamtzahl der Schiffslasten aus- oder eingeschiffter Waren gleich einem Viertel oder geringer als ein Viertel des Netto-Raumgehaltes und gröſser als ein Zehntel dieses Raumgehaltes ist;

10 Centimes für die Netto-Meſstonne, wenn die Gesamtzahl der Schiffslasten aus- oder eingeschiffter Waren gleich einem Zehntel oder geringer als ein Zehntel des Netto-Raumgehaltes ist.

Diese Abgabe ist um die Hälfte zu ermäſsigen für Waren ausladende Schiffe, wenn diese Schiffe aus einem Hafen kommen, der innerhalb der Grenzen der internationalen Küstenschiffahrt liegt. Das gleiche gilt für Waren einnehmende Schiffe, wenn diese Schiffe nach einem in denselben Grenzen gelegenen Hafen bestimmt sind.

Dieses Gesetz wurde in der Absicht erlassen, dem französischen Handel die Ein- und Ausfuhr zu erleichtern. Die Deputiertenkammer war von dem Grundsatz ausgegangen, man müsse vor allem den Handel daran gewöhnen, seine Ausfuhrwaren über französische Häfen und nicht über Belgien zu lenken. Zu diesem Zwecke wollte man den ausländischen Schiffen den Verkehr in den französischen Häfen erleichtern, damit eine regelmäſsige Verbindung Frankreichs mit den überseeischen Ländern geschaffen würde. Die Kammer hoffte dann von den französischen Reedern, daſs sie später genug Initiative besitzen würden, um selbst neue Linien zu gründen. Die Reeder waren mit dem neuen Gesetze durchaus nicht einverstanden; sie behaupteten, die ausländischen Schiffe würden von nun an den kleinen Rest von Frachtgütern, der ihnen bisher geblieben war, auch noch an sich ziehen. Indessen hatte die Kammer das allgemeine Interesse des Handels über die Sonderinteressen weniger Reeder gestellt. — Ferner ist für die Entwickelung der französischen Handelmarine der Umstand ungünstig, daſs die Franzosen so wenig auswandern. Das fast vollständige Fehlen von Auswanderern bewirkt, daſs einmal die französische Handelsmarine nicht einen so regen Passagierverkehr hat, wie zum Beispiel unsere deutschen Gesellschaften, und daſs im Auslande weniger französische Produkte verlangt werden. Die Franzosen gründen wenig Niederlassungen im Auslande, und selbst in ihren eigenen Kolonien sind solche verhältnismäſsig wenig vorhanden.

Endlich wirkt auch die ungünstige wirtschaftliche Lage der Schiffsbauindustrie in Frankreich auf die Entwickelung der Handelsmarine hindernd ein. Wenn auch die französischen Werften in technischer Hinsicht mit den deutschen und englischen konkurrieren können, so doch nicht in Bezug auf Billigkeit. Die französischen Werften arbeiten, besonders wenn es sich um billige Dampfer handelt, um ungefähr 80 Prozent teurer als die englischen Werften. Hieran ist vor allem die ungünstige geographische Lage der französischen Werften schuld. Diese liegen nämlich weit entfernt von den Zentren der Metallindustrie. Die Seltenheit der Aufträge verhindert eine Spezialisierung der Fabriken. Da auch die Arbeitsteilung nicht genug durchgeführt werden kann, ist die Arbeit selbst teurer.

Zu allen diesen wirtschaftlichen Ursachen, welche die Dekadenz der französischen Handelsmarine herbeigeführt haben, kommt noch ein psychologischer Grund, der sicherlich von groſser Bedeutung ist, ohne daſs man seinen Einfluſs jedoch zahlenmäſsig feststellen könnte. Dieses ist der Mangel an Initiative, der sich in den letzten Jahrzehnten in Frankreich immer mehr fühlbar macht. Die allgemeineren Gründe, die sich noch für die schlechte Entwickelung der Handelsmarine anführen lassen, fallen mit denen für die langsame wirtschaftliche Entwickelung Frankreichs zusammen und sind im letzten Kapitel dieser Arbeit zu erörtern.

Zum Schluſs aber sei noch die jüngste Schutzmaſsregel des französischen Staates im Interesse seiner Handelsflotte erwähnt, nämlich das neueste Gesetz über die Handelsmarine vom 7. April 1902, welches das Ergebnis der in den Jahren 1896 und 1897 angestellten Vorarbeiten und das Produkt langer parlamentarischer Verhandlungen darstellt.

Die wesentlichen Bestimmungen dieses neuesten Gesetzes sind folgende:

Als Entschädigung der der Handelsmarine auferlegten Lasten wird eine Ausrüstungsentschädigung oder eine Fahrprämie bewilligt, je nach den im Gesetz vorgesehenen Fällen. Die Gesellschaften oder Schiffseigentümer, welchen diese Vergünstigungen zu teil werden sollen, müssen in ihrem Verwaltungs- und Aufsichtsrat eine Mehrheit von französischen Bürgern haben. Der Vorsitzende und der Geschäftsführer müssen Franzosen sein.

Die Ausrüstungsentschädigung wird jedem Dampfschiff fremder Konstruktion, das aus Eisen oder Stahl gebaut ist und sich unter französischer Flagge für die Hochseeschiffahrt oder für die internationale Küstenschiffahrt befindet, und mehr als hundert Tons Bruttogehalt hat, französischen Privaten oder Aktiengesellschaften gehört, unter folgenden Bedingungen gewährt.

Die Ausrüstungsentschädigung wird festgesetzt nach der Ausrüstungsdauer und pro Tonne Bruttogehalt für die Hochseefahrt auf:

5 Centimes für jede Tonne bis zu 2000 Tons,
4 " " " " von 2000—3000 Tons,
3 " " " " " 3000—4000 "
2 " " " " " über 4000 "

Schiffe von mehr als 7000 Tons Bruttogehalt erhalten die Prämie eines Schiffes von 7000 Tons. Die Ausrüstungsdauer ist auf 300 Tage im Jahr beschränkt. Die Ausrüstungsdauer wird gerechnet als die Zeit, während welcher die Mannschaft vollständig ist. Die Fahrprämie wird jedem in Frankreich gebauten Seeschiff von mehr als 100 Tons Bruttogehalt, das unter französischer Flagge fährt, bewilligt. Sie beträgt für die Hochseefahrt für je 1000 Meilen Fahrt und pro Bruttotonne:

a) Für die Dampfer 1,70 Francs im ersten Jahr, mit jährlicher Abnahme von 4 Centimes während der ersten vier Jahre, von 8 Centimes während der zweiten vierjährigen Periode und von 16 Centimes während der dritten vierjährigen Periode.

Für die Dampfer von mehr als 3000 Bruttotonnen wird der Anfangssatz der Prämie um 1 Centime für je 100 Tonnen vermindert. Die Maximalgrenze ist hier ebenfalls 7000 Tonnen.

b) Für die Segelschiffe beträgt die Prämie 1,70 Francs, mit jährlicher Abnahme von 2 Centimes in den ersten vier Jahren, von 4 Centimes in der zweiten vierjährigen Periode, 8 Centimes in der dritten.

Für die Segelschiffe von mehr als 600 Tonnen wird der Anfangssatz um 10 Centimes für je 100 Tonnen vermindert. Die Maximalgrenze ist bei 1000 Tonnen erreicht.

Die Fahrprämie wird während zwölf Jahren nach der Franzisierung der in Frankreich während der Geltungsdauer dieses Gesetzes gebauten Schiffe gezahlt.

Artikel 4. Fünf Prozent der durch dieses Gesetz bewilligten Ausrüstungs- und Fahrprämien werden zu gunsten der von der inscription maritime betroffenen Bevölkerung zurückbehalten.

Artikel 5. Diejenigen Schiffe, welche die internationale Küstenschiffahrt betreiben, erhalten nur zwei Drittel der Ausrüstungs- oder der Fahrprämie.

Die Dampfer französischer Konstruktion können für jede Reise zwischen der Ausrüstungs- und Fahrprämie wählen.

Aufserdem enthält das Gesetz in dem Artikel 9 noch folgende zweckmäfsige Bestimmungen:

„Diejenigen Reeder, welche sich verpflichten, wenigstens während fünf Jahren eine regelmäfsige Verbindung auf noch nicht von subventionierten Linien versorgten Routen einzurichten, erhalten eine jährliche Subvention, die dem Durchschnitt der Fahrprämie oder Ausrüstungsentschädigung entspricht, auf welche die im Dienst befindlichen Schiffe für die ganze Fahrt Anspruch gehabt hätten."

Die Dauer des Gesetzes wurde auf zwölf Jahre festgesetzt.

Es erscheint sehr zweifelhaft, ob das neue Gesetz irgendwelche erhebliche Besserung der schlechten Lage der französischen Handelsmarine herbeiführen kann. Man darf nicht vergessen, dafs Frankreich die beste Zeit zur Entwickelung seiner Handelsflotte hat verstreichen lassen, und man kann fragen, ob nicht heute die fremden Handelsflotten, besonders die Englands und Deutschlands, allzustarke Konkurrenten geworden sind, als dafs sie von der französischen Handelsmarine noch in nennenswertem Mafse verdrängt werden könnten.

Schlufs.

Die vorstehenden Untersuchungen führen zu der Erkenntnis, dafs die französische Schutzzollpolitik im ganzen keine irgendwie grofsartigen Erfolge aufzuweisen hat, dafs sie es aber erreicht hat, eine ruhige, langsam fortschreitende Entwickelung der französischen Volkswirtschaft zu sichern. Sie ergeben, dafs die so sehr verurteilte schutzzöllnerische Tarifreform doch besser ist als ihr Ruf, dafs sie in der Hauptsache das für die französischen Verhältnisse Richtige war. Die zahlreichen Mängel und Übertreibungen, das Gekünstelte und Verwickelte in dem ganzen modernen französischen Schutzsystem, welches allen wirtschaftlich bedrängten Erwerbszweigen durch staatliche Mittel helfen will, sind zur Sprache gekommen. Es ist gezeigt worden, dafs sich die einzelnen Erwerbszweige nach der Tarifreform vom Jahre 1892 besser entwickelt haben als in dem entsprechenden Zeitraum vor derselben; dafs ferner die Kolonien im ganzen von der Schutzzollpolitik Nutzen gehabt haben, und dafs dagegen die künstliche Staatshilfe der französischen Handelsmarine nur wenig geholfen hat. Demnach erscheint die Schlufsfolgerung berechtigt, dafs die im Jahre 1892 eingeschlagene und in der folgenden Zeit konsequent durchgeführte Schutzzollpolitik für Frankreich von Nutzen gewesen ist.

Die langsame Entwickelung und teilweise Stagnation in der französischen Volkswirtschaft sind auf andere Ursachen zurückzuführen. Für diese kann der Schutzzollpolitik nicht der gröfste Teil der Schuld aufgebürdet werden. Die wichtigste Ursache des Zurückbleibens Frankreichs hinter den anderen grofsen Nationen dürfte in der Stagnation der Volksvermehrung zu erblicken sein. Wie könnte auch ein Land, dessen Bevölkerung seit längerer Zeit nur wenig oder gar nicht zunimmt, im Wettkampfe mit anderen Nationen, die in dieser Hinsicht günstiger gestellt sind, gleichen Schritt halten! Frankreich bleibt in seiner wirtschaftlichen Entwickelung hinter der anderer Länder um so mehr zurück, je länger der Mangel an Initiative bei seinen Kaufleuten und Industriellen.

wie er seit einigen Jahrzehnten sich immer mehr fühlbar macht, noch bestehen bleibt. Es ist eine interessante Erscheinung, dafs seit dem Kriege der Jahre 1870 und 1871 das Selbstvertrauen der Franzosen ebenso gesunken ist, wie dasselbe sich bei den deutschen Kaufleuten und Industriellen gehoben hat. Wenn in Deutschland geordnete politische Verhältnisse fördernd auf die industrielle und kommerzielle Entwickelung des Landes eingewirkt haben, so hat in Frankreich im Gegenteil eine schwache Regierung, getrieben durch die Forderungen der jeweiligen parlamentarischen Mehrheit, Ruhe und Ordnung im Inneren nur unvollkommen herstellen, notwendige Reformen aber nur selten durchführen können. Eine zielbewufste, an die Lösung grofser Aufgaben gehende Politik ist in Frankreich bei der geltenden Verfassung überhaupt nicht möglich; denn jedes Ministerium mufs darnach streben, bei allen seinen Mafsnahmen eine Mehrheit in der Kammer für sich zu haben. Bei der bekanntlich nur geringen Lebensdauer, deren sich die meisten französischen Ministerien zu erfreuen haben, kann selbstverständlich von Durchführung grofser Reformen keine Rede sein. Im heutigen Frankreich würden Minister wie Richelieu und Colbert ihr Amt nicht lange inne haben. Dafs die mifslichen politischen Verhältnisse auf die wirtschaftliche Entwickelung Frankreichs einwirken, ist selbstverständlich. Ihr Einflufs aber ist immerhin gering gegen Wirkungen, welche die Depopulation und besonders der Mangel an Initiative in kaufmännischen und industriellen Kreisen ausüben. Hier hat aber auch der Hebel zur Besserung einzusetzen.

Es ist für die wirtschaftliche Entwickelung Frankreichs von gröfster Bedeutung, dafs der Rentnergeist im französischen Volke zurückgedrängt wird. Der Umschwung zu einer liberalen Handelspolitik wird dann von selbst eintreten.

Pierersche Hofbuchdruckerei Stephan Geibel & Co. in Altenburg.